MAP
OF THE
SOUL:
7

La Persona, l'Ombre et l'Ego dans le monde de BTS

MURRAY STEIN
avec
Steven Buser & Leonard Cruz

CHIRON PUBLICATIONS • ASHEVILLE, N.C.

www.ChironPublications.com

Traduit en français par Catherine Pedroni
Design d'intérieur par Danijela Mijailovic
Conception de la couverture par Tijana Mijailovic

Imprimé principalement aux États-Unis d'Amérique.
ISBN 978-1-63051-912-4 broché
ISBN 978-1-63051-913-1 relié
ISBN 978-1-63051-914-8 électronique
ISBN 978-1-63051-915-5 édition limitée broché

Catalogage avant publication de la Bibliothèque du Congrès en attente

À BTS et leur
ARMY de fans

La designer de la couverture Tijana Mijailovic est une jeune femme serbe de 18 ans. Elle suit des cours à l'école de design. Elle aime dessiner, écouter de la musique, jouer aux jeux vidéo et faire du sport. Elle est intéressée par BTS depuis ses 14 ans.

Remerciements particuliers à la
BTS ARMY, à Carla Postma-
Slabbekoorn du ARMY Help Center,
à Laura London du *Speaking of Jung,*
à Tijana Mijailovic et BTS pour avoir
apporté la psychologie jungienne
à une nouvelle génération.

Table des matières

Préface

Le titre du dernier album de BTS, *Map of the Soul : 7*, reste à l'esprit parce qu'il est à la fois évocateur et énigmatique. Il a pris par surprise de nombreux fans. On attendait de l'album qu'il suive *Map of the Soul:Persona* avec des chansons sur l'Ombre et l'Ego. Le nouvel album contient en effet des chansons sur ces thèmes, mais il a une vision plus globale que celle attendue. Le nombre 7 suggère un mystère. Cela attire l'attention de l'esprit et y reste car ce nombre est symboliquement important. Cela donne envie d'en savoir plus. Qu'est-ce que ce nombre signifie par rapport à l'idée de *Map of the Soul* ? Dans les pages qui suivront, j'essaierai de comprendre un peu de ce mystère et j'espère que le lecteur sera poussé à continuer d'y réfléchir.

Cet album est sorti à un moment exceptionnel et historique de notre siècle, à savoir au début de la pandémie du coronavirus. Est-ce une coïncidence, ou autrement dit une "concomitance" ? L'une des chansons de l'album, "Black Swan", a particulièrement attiré mon attention. Lorsque que j'ai vu pour la première fois cette chanson performée en ligne, le monde commençait à peine à se rendre compte de la menace du coronavirus et de son effet potentiellement dévastateur sur la communauté mondiale dans son entièreté. Comme un "black swan event", le virus était non seulement un invité inattendu mais aussi non voulu. De mon point de vue, cette chanson signala l'émergence de l'Ombre sur l'humanité entière, menaçant la vie elle-même et provocant chez beaucoup une peur paralysante de la catastrophe. Au moment où j'ai vu ce clip, j'ai pensé : Est-ce que l'album va s'avérer être un reflet d'un évènement archétypal dans l'histoire humaine ? Le cygne noir est une anomalie, et dans le langage courant il fait référence à un terrible évènement inattendu qui nous submerge par surprise et nous couvre avec son ombre destructrice. Nous étions sur le point d'entrer dans la vallée de l'ombre de la mort, si brillement illustrée dans le clip et la chanson. Il se trouve que la chanson était un signe annonciateur de ce qui allait arriver...

Les fans de BTS du monde entier s'émerveilleront de la profondeur des chansons que contient *Map of the Soul : 7*. Elles peuvent amener l'auditeur à un niveau de réflexion profonde sur le zèle et l'ambition, les dangers et le vide du succès matériel, et sur l'incroyable résilience de l'esprit humain à se relever malgré les multiples embûches qui nous frappent durant notre vie. Les chansons elles-mêmes servent de cartes aux âmes qui débutent sur le chemin de la vie et qui se retrouvent dans la complexité de leur relation avec les autres. Les chansons sont réfléchies, reflétant ce que nous trouvons à l'intérieur de nous-mêmes au travers de nos luttes pour devenir et nous épanouir.

En tant que psychanalyste jungien d'une autre génération, j'applaudis l'enseignement que BTS offre à la nouvelle génération qui entre dans le monde maintenant déconcertant de la vie adulte. Lorsque l'on se tient sur le seuil d'un nouveau monde, il est utile d'avoir une carte comme guide. Le grand psychologue du 20ème siècle, Carl Jung, créa une "map of the soul" que beaucoup de ses contemporains trouvèrent plus qu'utile, même salutaire. Ça l'est encore plus, je pense, pour les hommes du 21ème siècle, à cause de sa profondeur de compréhension du territoire que nous appelons la psyché humaine. Armés de cette carte, les hommes sont plus aptes à trouver leur chemin avec succès tout au long de leur vie. Aujourd'hui BTS met cette carte dans la main de ses fans. Pour cet immense service rendu, je suis personnellement très reconnaissant.

Murray Stein
Goldiwil, Switzerland
11 Avril 2020

Chapitre 1

BTS et le nombre 7

par Murray Stein

En titrant leur dernier album *Map of the soul :
7*, BTS nous a pris par surprise. La plupart d'entre
nous s'attendaient à ce qu'ils continuent dans la
lignée de leur album précédent *Map of the Soul :
Persona* et poursuivent avec soit *Map of the Soul :
Shadow* ou *Map of the Soul : Ego*. *Map of the Soul : 7*
fut à la fois créatif et inattendu.

Le choix du nombre 7 par BTS peut être vu de
différentes manières. Les raisons évidentes sont qu'ils
sont 7 membres et qu'ils ont été ensemble depuis 7
ans. Mais le nombre 7 est symbolique aussi dans un
sens plus large. Par exemple, il y a 7 jours dans la

semaine. Ce n'est pas arbitraire. Cela provient du texte biblique, où il est montré que Dieu a créé le monde en 6 jours et s'est reposé le septième. Le nombre 7 achève, complète. C'est un nombre qui nous évoque qu'un acte créatif est fini, que quelque chose d'extrêmement significatif a été fait, et que maintenant il est temps de se reposer. Certains pourraient y penser de manières multiples et variées, mais je pense, concernant cet album, que cela semble indiquer que BTS a fini quelque chose. Ils ont conclu une phase extrêmement créative. Ils ont accompli leur travail et maintenant ils vont prendre du recul pour admirer ce qui a été achevé jusqu'à présent.

7 comme nombre premier

Un autre angle de réflexion se suggère lui-même. Le nombre 7 est un nombre premier, et les nombres premiers sont divisibles seulement par un et eux-mêmes. Le titre de l'album signifie que BTS est une entité une et indivisible. Ils sont un nombre premier et ils ont travaillé dur pour amener leur groupe à ce stade-là. Ils ont vécu ensemble, ils ont passé la majeure partie de leurs journées ensemble, ils s'identifient fortement avec les mêmes idées, la même musique, le même style de vie etc… D'une certaine manière, BTS est une seule personnalité faite de sept parties en (rapide) mouvement. Bien sûr, on peut se demander combien de temps pourront-t-ils continuer comme cela avant de ressentir le besoin de vivre leur propre vie, distincte et individuelle. Dans ce cas, le 7 deviendrait 1+1+1+1+1+1+1. Un jour viendra où cette unité singulière du 7 se séparera et peut-être ensuite reformera des individus en autre sorte d'unité, peut-être plus complexe, avec plus de caractéristiques individuelles permises aux diverses personnalités du groupes. Ils ont travaillé très dur pour former cette singularité première en tant que groupe et maintenant, ils célèbrent cela même si l'avenir qu'ils anticipent est différent.

Les sept nombres du processus d'individualisation

Dans la psychologie jungienne, le nombre 7 est souvent associé à l'alchimiste Maria Prophetissa. Maria Prophetissa est une des premières alchimistes légendaires des premiers siècles de notre ère. Elle décrit une formule, souvent appelée Axiome de Maria Prophetissa, disant : "Un devient deux, deux devient trois, et du troisième vient le quatrième." Si l'on additionne le trois et le quatre, on obtient évidemment 7.

Chacun des nombres, de Un à Sept, a un sens symbolique et psychologique. "Un " est l'état premier et originel de la conscience, le début. Il est ce que Jung appelait le *Pleroma*. "Tout est un ", il n'y a pas de différentiation dans cet état de personnalité. C'est l'état originel de plénitude dans lequel nous venons au monde à la naissance. Cet état contient tout le potentiel de la personnalité qui doit encore se développer dans le temps et l'espace.

"Deux" est le résultat de la première différentiation de la conscience. Où il y avait un avant, sont deux maintenant. Cela signifie la conscience d'une distinction entre le soit et les autres. C'est un progrès de la personne au niveau du développement : L'enfant découvre la différence entre lui-même et les autres. La conscience commence à faire son travail, qui est la fabrication de distinctions et cela continue lorsque le sentiment de l'identité individuelle d'une personne grandit. Le nombre Deux indique aussi la division entre la conscience et l'inconscience. La conscience émerge des eaux de l'inconscience et conçoit une perception d'un monde différencié d'objets, à l'intérieur comme à l'extérieur.

De ces deux éléments de la psyché, qui sont parfois en conflits l'un et l'autre, émerge une troisième fonction : la pensée cognitive et l'imagination. Le conflit résulte d'une part, des pressions instinctives de satisfaire les besoins et désirs, de l'autre, du "fondement de la réalité " (l'ego). La troisième fonction trouve un moyen de lier les deux et de créer de nouvelles possibilités. "Trois" représente la possibilité de pensée abstraite et d'organisation. Il est la naissance de l'Esprit et est chargé de la culture. Le langage devient un outil pour penser et communiquer, et avec cela viennent les possibilités abstraites comme nommer des groupes et imaginer des choses qui n'existent pas. Trois signifie la conscience des possibilités qui rôdent sur la Terre ; il est riche en idéaux, valeurs abstraites et possibilités de développement à venir.

Le quatrième élément est ensuite nécessaire. Quand le Quatre apparaît dans la formule, cela veut dire que les idées, idéaux et possibilités créées dans le Trois, peuvent se fonder dans la réalité et se concrétiser. Le nombre Quatre est souvent associé au féminin et à la Terre. Le mouvement du Trois au Quatre représente le mouvement vers la fondation de la pensée et des projets imaginés dans le temps et l'espace : La ville est fondée, le diplôme universitaire est achevé, le commerce est assemblé et commence à fonctionner.

Le nombre Cinq représente la "quinta essentia", le noyau essentiel de la personnalité. L'achèvement du Cinq signifie que des étapes et développements ont été réalisé et qu'il est maintenant possible de découvrir le noyau essentiel du Soi et de s'y identifier consciemment. D'une certaine manière, c'est un retour au Un, mais avec un tout plus conscient.

Le nombre Six représente l'union des contraires, masculin et féminin. La conscience et l'inconscience sont unis. Jung l'appelle le *mysterium conjunctionis*, et son dernier grand livre porte ce nom. C'est l'étape de consolidation de ce qui a été accompli dans les débuts du développement. C'est un grand et rare accomplissement.

Après cela nous arrivons au nombre Sept, un nombre sacré, un nombre de transcendance et d'achèvement ultime d'un voyage commencé au nombre Un. Dans la Bible, le septième jour est le jour de repos et il arrive après six jours de développement, différentiation et création de la conscience. Cela est montré dans l'image du triangle dans un carré, le Trois dans un Quatre. Ce Sept représente l'impression d'achèvement spirituel. C'est la personnalité individualisée.

Le mouvement de Un à Sept représente le processus complet d'individualisation.

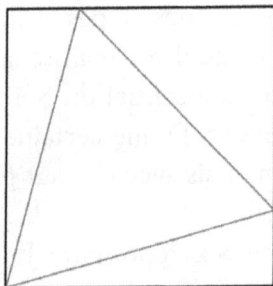

Chapitre 2

Réflexion sur les paroles de *Map of the Soul : 7* de BTS

par Murray Stein

C'est un fait connu que le concept de Map of the Soul de BTS est basé sur les écrits du Dr. Murray Stein. Ce chapitre analyse les paroles des chansons de *Map of the Soul : 7* avec l'approche du Dr. Murray Stein en tant que psychanalyste jungien. Ce chapitre est adapté des interviews de Murray Stein par Laura London du podcast *Speaking of Jung : Interviews with Jungian Analysts* ; Episodes 44, 53, 54 et 55.

Map of the Soul : 7, Souffrance, et BTS

Map of the Soul : 7 est une innovation pour BTS. Ils sortent de la vision clichée d'un boyband de KPOP à succès et nous révèlent leur plus profonde nature. Même si beaucoup de fans ne le voient peut-être pas, BTS a souffert et a dû se battre. Ils ont travaillé extraordinairement dur pour arriver où ils sont aujourd'hui et ont souffert tout au long du chemin. Ils ont eu des hauts et des bas mais les gens ne le voient probablement pas. Tout ce qu'ils voient sont les feux de la scène, les beaux sourires, cheveux teints, les habits, les danses presque acrobatiques. Mais dans cet album BTS dit, "Nous sommes des humains cachés sous des airs de spectacle. C'est un masque. Nous sommes de véritables personnes, nous avons une histoire et nous avons traversé des épreuves, nous avons soufferts." Ce message est délivré haut et fort tout au long de l'album.

Au-delà de la souffrance cependant, il y a aussi le thème de la résilience, de surmonter les problèmes et contretemps. En fin de compte, c'est un album très encourageant. Il révèle la souffrance et la réalité derrière le personnage, mais il affirme aussi la résilience du groupe. La chanson *We are Bulletproof : The Eternal* est chantée à leur ARMY. Ils ont été extrêmement soutenus par leurs fans. Ils ont survécu et surmonté des épreuves, et ils le racontent au travers de leur chansons. Cet album est à la fois une célébration mais aussi une révélation de leur souffrance et de leurs luttes.

BTS, Renaissance et transformation

Nous traversons tous des phases de transition et de transformation au cours de notre vie. Carl Jung décrit cela comme le processus d'individualisation. Il y a plusieurs périodes critiques de développement. La transformation durant l'adolescence, de l'enfance à l'âge adulte, est la plus évidente. Ensuite, vers la quarantaine, a lieu une transformation des débuts de l'âge adulte vers un âge adulte mature, et enfin plus tard a lieu encore une transformation vers l'âge avancé. Ce sont des expériences de mort et renaissance. La vieille identité meurt et la nouvelle nait.

Nous devons abandonner nos vieilles identités à certains moments clés de notre vie, de la même manière qu'un serpent mue. Lorsque le serpent grandit, sa peau devient trop petite et doit muer. Notre corps aussi vit de tels processus, par exemple lorsque nos dents de laits tombent. Les gens rêvent souvent de perdre leurs dents et cela fait partie du processus de croissance. Ils perdent leurs vieux concepts, leur vieille manière de vivre et ils devront attendre avant que les nouvelles dents les remplacent. De la même manière que cela nous arrive à un niveau physiologique, cela arrive à un niveau psychologique. La psyché traverse de multiples processus de mutation lorsque la vieille identité ne suffit plus. Nous pouvons aussi vivre cela dans des relations. Pour un moment la relation semble "parfaite" mais devient ensuite fastidieuse et ne va plus si bien. Il nous semble que la relation en question ne nous intéresse plus. Nous pourrions divorcer et aller chacun son chemin, ou rester ensemble et d'une manière ou d'une autre transformer la relation. D'autre personnes se sentent coincées dans une certaine carrière et vont aller dans une autre direction. La vieille peau ne va plus. Nous devons abandonner la vieille identité pour devenir la nouvelle personne que nous serons dans le futur.

Les groupes traversent aussi ces étapes. On peut observer cela dans l'Histoire avec les empires, nations et organisations religieuses. Ils traversent des périodes ascendantes et atteignent le sommet. Ils chutent ensuite et peut-être disparaissent. Parfois ils renaissent au travers d'une nouvelle version d'eux-mêmes. Je pense que BTS, en tant que groupe, anticipe. Ils arrivent au sommet et anticipent une transformation et un processus de renaissance. Ce qui représentera un grand défi.

J'ai écrit un livre quelques années plus tôt nommé *In Midlife*. Il est écrit à propos des trois étapes de transformation que nous appelons "midlife" : la mort, la liminalité et la réintégration. La mort signifie l'abandon de l'ancienne vie qui ne fonctionne plus. La liminalité est la phase intermédiaire inconfortable. Elle est pleine d'incertitude et nécessite de faire face à l'inconnu et de découvrir les nouveaux aspects de notre personnalité. Enfin, la réintégration apporte un nouveau sentiment de soi pour avancer. Cela peut prendre beaucoup de temps. La transformation "mid-life" dure souvent entre cinq et dix ans.

Maintenant que les membres de BTS ont atteints des sommets inimaginables dans leur carrière, ils commencent à anticiper les épreuves de transformation. *Map of the Soul : 7* le suggère.

Les chansons de *Map of the Soul : 7*

Deux chansons, qui sont sorties sur l'album *Map of the Soul : Persona*, n'ont pas été gardées dans la tracklist du dernier album *Map of the Soul : 7*. Je commencerais l'analyse de cet album en considérant ces deux chansons, *Mikrokosmos* et *Home*, avant de poursuivre avec la tracklist officielle.

Mikrokosmos

Microcosme est l'idée que les humains sont un microcosme reflétant le macrocosme. Le macro-cosme est le cosmos. Le cosmos est l'ensemble de tout ce qui est, y compris soi-même. Le microcosme est le monde intérieur. Le monde intérieur reflète le monde extérieur, le monde cosmique. Un exemple physique de ce reflet est la manière dont les planètes gravitent autour du soleil comme les électrons gravitent autour du noyau des atomes. De la même façon le monde intérieur reflète le cosmos et vice versa.

Jung disait, alors qu'il était malade vers la fin de sa vie : "J'ai eu un rêve merveilleux pendant ma maladie. J'ai rêvé que je voyais une étoile dans une flaque d'eau. Et j'ai réalisé que j'étais le microcosme reflété dans la flaque de l'inconscience qu'est le macrocosme. Et cela m'a donné un sentiment de bien-être extrême." (Jung, *Memories, Dreams, Reflections*, 1989)

Si vous voyez votre monde intérieur comme un microcosme reflétant le macrocosme extérieur, vous voyez un vaste espace de complexité, de richesse et de diversité. Ceci est votre monde intérieur. Tout n'est pas conscient. En effet, la grande partie en est inconsciente, mais vous pouvez y avoir accès à l'aide de multiples techniques que les Jungiens ont développé ; des méthodes comme l'imagination active et le travail du rêve.

La chanson *Mikrokosmos* fait de multiples références aux étoiles. C'est une étape importante dans le processus d'individuation. Vous réalisez que vous avez un "moi" qui est liés aux étoiles et qui ne dépends pas des autres. Si vous êtes bloqués dans la persona, vous dépendez des autres personnes reflétant votre valeur et vous n'avez pas une impression de soi séparée de ce qu'elles vous donnent. Mais, avec un sens de votre microcosme interne reflétant le cosmos, vous êtes lié à une étoile. Vous avez un sentiment de valeur qui provient de vous-mêmes et qui n'est pas dépendant des reflets des autres.

La personnalité de BTS se libère donc de la persona qui a besoin d'être aimée, reflétée et admirée par les autres. Cette personnalité se libère de l'identification de la persona et les problèmes que cela peut apporter. Nous brillons chacun à notre manière, dit la chanson.

Cela me rappelle la pensée d'un philosophe allemand du 17ème nommé Leibniz qui présentait cette théorie que nous étions tous des *monades*. Chacun d'entre nous est une monade individuelle et limitée par elle-même, mais nous sommes en relations avec toutes les autres monades de l'univers, toutes les autres personnes. Chaque personnalité est un individu complet mais est en relation avec les autres individus. La chanson parle de Sept milliards d'étoiles, ce qui corresponds à la population mondiale. Chaque monade est une étoile. Chaque monade est un individu. Nous sommes tous liés d'une manière mystérieuse que Leibniz qualifiait d'"harmonie." Les monades sont harmonisées par une autre force appelée Dieu, qui crée une interaction harmonieuse entre toutes les pièces indépendantes, chacune ayant son propre centre de gravité.

C'est donc une chanson sur l'aperçu du "moi" ; un aperçu du sentiment que nous sommes tous enracinés dans quelque chose de bien plus grand que nous. Nous sommes des individus mais nous appartenons au tout. Nous avons un destin, qui est notre étoile individuelle, qui est de devenir nous-mêmes et à notre mort de retourner à cette étoile. Ceci est la philosophie gnostique dont Jung parle dans le *Red Book*. Ce qui nous pacifie est de savoir que nous avons un destin. Ce destin est notre étoile où nous arriverons un jour mais à laquelle nous sommes pour le moment liés. Je lis donc les paroles de cette chanson comme une découverte de ce sens du Soi. Cette personnalité, représentée par ces 7 jeunes hommes, s'efforce de trouver un sens de Soi et commence à trouver sa voie.

Home

Dans cette chanson nommée *Home*, BTS utilise le mot espagnol pour "ma maison", "Mi Casa." *Mi Casa* ajoute une impression d'intimité. C'est une petite maison. *Mi Casa* est un cottage ou une humble demeure, ce n'est pas un palais. Ce sentiment de maison est aussi une maison avec une âme. Lorsque nous sommes dans une maison avec une âme, nous sommes dans un espace intime qui semble très confortable, ni grandiose ni surdimen-sionné, mais enraciné et authentique.

RM disait dans son discours aux Nations Unies : "Je suis un petit garçon venant d'un petit village près de Séoul. Maintenant je suis connu. Je suis connu mondialement." Nous avons donc l'impression que *Mi Casa* est là-bas, à la maison. Leurs voyages à l'international les emmènent loin de chez eux, et maintenant la maison est pour eux partout. Leurs fans sont partout.

Où vous vous sentez aimé et accepté peux être votre maison, mais *Mi Casa* est quelque chose de différent, qui est plus intime. C'est le retour. La personnalité de BTS est partie pour un long voyage mais reviendra là où tout a commencé. Pendant qu'elle est en voyage, elle se rappelle son chez soi. Comme Ulysse a erré pendant 20 ans avant de revenir enfin à Ithaque, chez lui et auprès de sa femme. Lorsque nous partons, nous pensons à *Mi Casa*, à chez soi.

La Track List de l'Album, *Map of the Soul:* 7 de BTS

Track 1: *Intro: Persona*

Persona est un mot latin signifiant le masque que les acteurs portaient sur scène lorsqu'ils jouaient divers personnages d'une pièce. Le théâtre est toujours suggéré lorsque l'on s'intéresse à la persona. Nous sommes tous des acteurs sur la scène de la vie, et certains d'entre nous sont plus théâtral que les autres. Même des introvertis renfermés ont une persona lorsqu'ils sortent de leur coquille et font face au reste du monde. Le masque, ou la persona, est donc ce que nous avons entre nous et la société qui nous entoure.

La manière dont je comprends BTS, est que ces sept jeunes hommes représentent des aspects différents d'une même personnalité. Nous parlons d'une même personne aux différents visages. Certains d'entre eux sont plus divertissant. D'autres sont plus beaux. Ils ont des cheveux de couleurs différentes. Certains sourient plus que d'autres. Lorsque RM chante donc la première chanson, *Persona*, et se demande, "who am I", c'est une question qu'il dit s'être posé toute sa vie. Nous voyons les six autres membres qui dansent autour de lui. Il est la voix mais les autres représentent d'autres facettes de la personnalité. Ces chansons sont l'expression d'une seule personnalité aux différents aspects et persona.

Ces chansons sont des chansons d'envie et de lutte vers l'authenticité. Nous sentons que cette personnalité s'efforce de parler, de s'accepter soi-même, qui elle est et ce qu'elle est. Il y a des chansons d'amour, d'espoir, de vision et de désespoir. Il y a un sentiment intense d'être une célébrité et les problèmes que cela peut apporter, l'inflation de l'ego et le doute de soi. On peut voir la recherche d'un lieu de calme et de vérité et cela est poignant. Je ressens de l'empathie pour cette personnalité qui lutte contre les problèmes qui sont arrivés dans sa vie grâce à son grand talent, et maintenant sa célébrité ne satisfait plus ses besoins. Elle satisfait ses ambitions mais lui amène parfois un sentiment de vide.

Il (RM) lutte avec une multitude d'images de lui-même, avec plusieurs voix qui lui demandent d'être ceci ou cela ou qui le contraignent à changer. J'imagine que ces artistes de BTS font vraiment face à de telles demandes lorsqu'ils arrivent sur la scène internationale depuis leurs foyers coréens et ressentent toutes sortes de contraintes de faire ceci ou dire cela. Il est très tentant bien sûr, si vous avez une audience qui attends une certaine performance, de la lui donner, ce que BTS fait très bien. Mais lorsqu'ils rentrent chez eux après leurs shows, on peut se demander comment ils se sentent. C'est ce qui est exprimé dans ces chansons. Il y a beaucoup d'introspection, d'évaluation de soi-même et de recherche derrière le masque. Ils avouent certaines choses sur scène alors même qu'ils sont en train de nous divertir. C'est ce qui rends cela si intéressant. Ils nous présentent une persona très enthousiaste, mais il y a tout de même quelque chose en arrière-plan qu'ils nous chantent.

Dans *Intro : Persona*, RM parle d'avoir caché son angoisse, ce qui l'a mené à hésiter, mais maintenant il fait de son hésitation une amie. C'est une bonne de stratégie que de prendre ses émotions, les accepter et ne pas les laisser nous freiner, au lieu de les admettre et les contenir.

Lorsqu'il parle ensuite d'avoir été saoul, il parle d'immaturité et de comment nous essayons de cacher cette immaturité. C'est souvent un sentiment d'insuffisance ou de stupidité que nous cachons dans ces moments-là. Son masque de persona le fait se sentir mal à l'aise lorsqu'il essaie de cacher son immaturité qui découle de son jeûne âge. Ses paroles passent ensuite à une litanie à propos de son in-suffisance.

Beaucoup de personnes ressentent les mêmes émotions lorsqu'elles sont soudainement placées dans une position un peu plus haute que celle où elles étaient avant, que cela soit dans le milieu du

business, des études ou de la profession. Ces personnes peuvent avoir l'impression de faire semblant
ou de ne pas être à la hauteur de leur position et elles
doivent donc bluffer. Beaucoup de professionnels ont
avoué avoir l'impression d'être des imposteurs, de la
même manière qu'il (RM) parle de cacher son
immaturité. Il est sur scène, performant extrêmement bien et pourtant il a peur que cela soit
peut-être plus qu'il ne puisse supporter.

C'est ce que le masque cache. Il ajoute ensuite :
"Il y a quelque chose qui me relève à nouveau."
Qu'est-ce qui le relève à nouveau ? Il y a une sorte
de sensibilité religieuse à cet endroit. Cette phrase
est presque biblique, "Il m'a relevé à nouveau." Dans
la psychologie jungienne, nous appellerions cela le
Soi. Le Soi est le noyau de notre être. C'est qui nous
avons été depuis le jour de notre naissance ou même
avant, et c'est la ressource ultime de la psyché.
Quand nous sommes déprimés, il y a cette sorte de
source d'énergie, d'inspiration qui va nous relever et
nous donner une autre chance et un autre jour. Ce
thème apparaît dans plusieurs de leurs chansons.

Plus loin dans la première chanson il appelle :
"Où est ton âme ?" et "Où est ton rêve ?". Il proclame
ensuite "Mon nom est R" et "je n'ai plus honte. C'est
la structure de mon âme."

Track 2 : *Boy with Luv*

La première chanson nous parle d'interpeler l'âme : "Où est-tu ?" Dans la deuxième chanson est la réponse, l'âme apparaît.

La personnification de l'âme apparaît en tant que femme. Dans la chanson, une jeune femme américaine, *Halsey* (Ashley Frangipane), rejoint les chanteurs. Au début du clip de cette chanson, elle est dans un stand et réalise tout à coup qu'on l'appelle. Elle ferme le stand et disparaît. Nous voyons ensuite les sept membre de BTS sur scène qui chantent la première partie de la chanson. Elle les rejoint ensuite plus tard dans la chanson.

Certaines personnes se sont demandé pourquoi ils ont choisi une femme américaine pour jouer ce rôle. J'ai trouvé ce choix à la fois touchant et intégrant. Ils ont grandi à l'international. Ils sont allés aux Etats-Unis pour donner des concerts à Los Angeles, Chicago et New York. Ils tendent le bras à la communauté internationale. Il n'est cependant pas surprenant que la personnification de l'âme, que nous appelons Anima, soit d'une culture très différente de la leur. Je pense que pour des Coréens, la femme américaine pourrait être une bonne projection de carrière pour leur Anima. Ils projettent leur Anima inconsciente sur une femme américaine et trouve leur âme à cet endroit.

Les européens ont traditionnellement projeté leur âme sur des cultures exotiques, que cela soit au Moyen-Orient, en Inde ou en Chine. Wolfgang Pauli, un physicien renommé et ami de Jung, décrivait son âme comme Chinoise. Il a rêvé d'elle à plusieurs reprises. Ce n'est pas qu'il connaissait une vraie chinoise dont il était amoureux, mais elle représentait l'anima inconsciente de sa personnalité. Le fait donc qu'Halsey soit américaine est important dans le sens qu'elle est l'anima inconsciente du collectif coréen qui réponds maintenant à l'appel. Dans la première chanson RM chante "Où est ton âme ?" Dans la deuxième chanson, ô surprise, elle apparaît !

Le titre de la chanson est *Boy with Luv*. Il y a une grande différence entre être un *boy with love* et être un *boy in love*. Si vous êtes amoureux, vous êtes pris d'une émotion et d'une projection de la personne aimée sur quelqu'un d'autre. Vous êtes impuissant. Votre ego est esclave de cette émotion. Nous faisons plein de choses insensées quand nous sommes amoureux. Si vous avez de l'amour (with love), vous avez en revanche beaucoup plus de contrôle. Vous êtes avec l'amour et pas en amour. Vous l'apportez avec vous. Vous apportez votre amour à l'autre personne sur laquelle vous jetez votre dévolu. Cela implique un ego bien plus mature. Un ego immature serait fou amoureux. Une personne plus mature et expérimentée sera une personne *with love*. Être avec l'amour est une position bien moins manipulatrice. Psychologiquement c'est un état plus avancé.

Je pense donc que ce que ces jeunes hommes représentent a considérablement avancé depuis leurs débuts lorsqu'ils étaient *in love* jusqu'à maintenant où ils sont *with love*. C'est une belle chanson avec des paroles saisissantes. Elle célèbre le pouvoir sain de l'amour. Il nous transforme. Il nous rend joyeux. Mais il a aussi des dangers, à savoir de gonfler et prendre son envol comme Icare. Ils chantent : "Avec les ailes d'Icares que tu m'as donnée, non pas vers le soleil mais vers toi, laisse-moi voler." Dans la mythologie grecque Icare vole trop près du soleil et la cire de ses ailes fonds et il s'écrase. Il se gonfle et vole trop haut. Dans cette chanson, cette personnalité est entrain de progresser. Elle s'élève, quelque peu gonflée, mais ne perds par le contrôle et ne s'écrasera pas, C'est un bon signe du point de vue de l'individuation qu'elle soit *with love* et que cet amour soit dirigé vers la personne aimée et non vers une quelconque fantaisie qui l'amènerait à brûler et s'écraser.

Track 3 : *Make it right*

Make it right incarne un voyage sur soi-même pour découvrir son âme. La chanson s'exclame : "Je chante pour te trouver." Qui est ce "te" qui est appelé ? Cela n'est pas clair. Est-ce qu'il parle d'une copine ? Je ne pense pas. Est-ce qu'il parle de l'âme qui est apparue dans la deuxième chanson ? Cette phrase récurrente est répétée de manière frappante." Revenant vers toi et le faisant mieux." Il lutte.

L'âme est-elle quelque chose d'intérieur ? Est-ce qu'elle est extérieure ? Est-ce une combinaison des deux ? Notre expérience de vie, particulièrement dans la première moitié de notre vie, comme pour les membres de BTS qui sont dans la vingtaine, est que nous découvrons l'Âme dans les autres et par les autres. Lorsque que nous fréquentons une personne aimée, nous sommes avec notre âme. C'est pour cela que cela devient si crucial d'être avec cette personne. Elle est votre âme. L'intérieur et l'extérieur se mélange par la fonction psychique de "projection."

La chanson continue : "C'est la réponse à mon voyage. Chanter pour te trouver. Bébé vers toi." Ils parlent peut-être à une autre personne, mais ils parlent aussi de leur âme et de leur voyage vers elle. "Chanter pour te trouver. Bébé vers toi" est une recherche de l'âme. Peut-être qu'ils cherchent l'extérieur, mais c'est en même temps un voyage sur soi-même. C'est une merveilleuse chanson sur le voyage pour trouver l'Âme.

Ils chantent : "Je me rappelle la nuit étoilée que je voyais dans mon enfance," encore une référence aux étoiles. Il existe un beau poème dont le titre est

"My Name" par le poète américain Mark Strand, qui parle d'être couché dans un champ la nuit. Il regarde les étoiles et entends soudainement son nom être appelé. Il dit qu'il n'a jamais entendu son nom être appelé de cette manière. Regarder les étoiles et entendre son nom être appelé est un moment d'initiation et de transformation. Lorsque l'on entend son nom être appelé de cette manière, ou que la personne aimée appelle votre nom, c'est un appel différent. "Make it Right" suggère que le chanteur va vers lui-même. Cela est profondément émouvant.

Track 5 : *Jamais Vu*

En continuité avec le thème international, la quatrième chanson est appelée *Jamais Vu*. *Jamais Vu* est une expression française qui est en fait un terme psychiatrique définissant un trouble psychologique. Linguistiquement cela est lié à *déjà vu*. Si vous avez une expérience de *déjà vu*, vous avez un fort sentiment de "J'ai été ici avant", même si vous êtes dans un endroit que vous n'avez jamais vu. On ne peut habituellement pas dire quand ou où nous avions été auparavant, mais le sentiment est néanmoins présent. Vous pourriez même savoir ce qu'une personne va dire et, oh surprise, elle le dit. C'est comme si vous aviez été dans ce film auparavant. C'est le *déjà vu*.

Jamais Vu est le contraire. Cela décrit l'expérience d'être dans un lieu familier mais qu'on ne reconnaît pas. C'est un moment à la fois bizarre et troublant. Les personnes souffrant d'épilepsie du lobe temporal et parfois de schizophrénie peuvent avoir ce problème. Elles pourraient rentrer dans leur propre maison mais ne pas la reconnaître, comme si elles n'y avaient jamais été auparavant. Elles doivent réapprendre les lieux en continu.

Cette chanson nous parle de répétitions et de réitérations, comme si l'on n'apprenait pas de notre expérience. Chaque fois nous faisons face aux mêmes problèmes, nous avons besoin de les réapprendre de zéro. Nous faisons les mêmes erreurs à chaque fois. Dans la psychologie jungienne nous attribuons de tels épisodes de lutte perpétuelle contre les mêmes problèmes à un complexe.

Lorsque l'on est pris dans un complexe, nous faisons face aux mêmes situations et réagissons de la même manière en continu comme si nous n'avions rien appris de nos expériences passées. Chaque épisode est d'ordinaire blessant pour les autres ou pour soi-même, amenant des regrets sur ce que l'on a fait ou dit. Nous répétons les mêmes schémas, même si dans notre tête nous savons très bien où cela va mener. C'est pourtant comme une toute nouvelle situation à chaque fois. Vous avez eu la même dispute avec votre partenaire la nuit passée et vous l'avez à nouveau maintenant comme si vous ne l'aviez jamais eue avant. N'apprenez-vous pas ? Non. Le complexe est trop fort. Le schéma se répète simplement en continu jusqu'à ce que vous puissiez d'une manière ou d'une autre vous en libérer au moyen d'une certaine perception ou d'une inter-vention. La chanson dit : "Cela blesse toujours comme si c'était la première fois." C'est le produit du complexe en action.

La chanson continue. "Je tombe à nouveau. Je continue de courir et je tombe à nouveau." Ce que j'ai cependant trouvé très encourageant est que même si cette répétition continue, il y a une con-science qui se développe en même temps, et à la fin de la chanson, la dernière phrase dit : "Je n'aban-donnerais pas." Il y a une détermination de rester sur le chemin de l'individuation même si nous tombons de nombreuses fois et répétons les mêmes erreurs et comportements peu productifs.

En psychothérapie nous savons qu'examiner des sentiments et comportements difficiles répétés nous permet de les reconnaître et de réduire leur sévérité. Cela prendra peut-être moins de temps pour se remettre de ses émotions. Peut-être vous y verrez plus clair tôt ou tard. Vous pourrez peut-être nommer ce complexe. Même en étant à l'intérieur de celui-ci, vous pourrez peut-être vous dire : "Oh mon Dieu, pourquoi est-ce que je fais cela ?" et vous en sortir. Cela est très dur à faire. C'est le combat contre nos complexes pour arriver à l'individuation.

J'ai travaillé avec des personnes en thérapie pendant plus de 30 ans. Elles me disent, "Vous savez, nous avons revu ces bases une centaine de fois mais je l'ai fait à nouveau." On pourrait en rire mais on ne s'en remet jamais vraiment. On s'améliore mais on est forcé de reconnaître que la vie psychologique est une lutte. Devenir conscient et rester conscient est incroyablement difficile.

Track 5 : *Dionysus*

C'est une chanson de célébration et d'évasion de la persona. Dionysus était un dieu étranger aux Grecs. Il est venu de Thrace et a envahi la Grèce. Dionysus est un perturbateur, il bouleverse tout. Il piétine les anciennes valeurs. Il brise la résistance des personnes. On ne peut pas résister à Dionysus lorsqu'il arrive. Si l'on essaie il nous maîtrisera.

Cette chanson nous dit donc comment la personnalité BTS en est arrivé à être une célébration Dionysisenne. Ils n'ont pas peur de Dionysus. Ils peuvent l'accepter et peuvent apprécier son ivresse. Ils brisent des barrières et des vieilles habitudes. Dionysus était appelé le délieur. Le délieur dissous les vieilles structures, les comportements et schémas trop rigides et détruit les persona. Il nous libère de notre persona… ne serait-ce que momentanément. Bien sûr, vous pourriez vous réveiller le matin suivant et souhaiter ne pas vous être réveillé.

L'ivresse peut devenir écrasante, incontrôlable et destructrice.

Au bout du compte, les Grecs purent intégrer Dionysus dans leur Panthéon. Ils lui donnèrent une place à Delphe où l'oracle sacré s'étendait sur demande. Apollon, qui était le Dieu classique des Grecs, un dieu d'ordre, beauté, structure, guérison et noblesse, dut donc partager son temple à Delphe avec Dionysus pendant la moitié de l'année. La culture antique grecque pu donc intégrer Dionysus dans sa psyché collective puisque que les Grecs reconnaissaient que personne ne pouvait lui résister. Il est la force vivante. Si vous lui résistez il vous brisera.

Certains répondent à l'appel de Dionysus en essayant de rester aussi droit et parfait que possible. Ils deviennent rigides dans leur conformité sociale. Leur persona sont fixes et inflexibles. Cela est très dangereux. Vous ne pouvez pas juste refouler cet aspect de l'inconscient et ses pouvoirs. Vous pouvez essayer d'ignorer Dionysus mais il vous trouvera. Vous devez trouver une autre manière de le laisser vivre dans votre vie. Si vous essayez de trop le restreindre, il s'échappera avec une intensité déchaînée.

Dans la culture Suisse, il existe un jour appelé *Fasnacht* qui est l'équivalent du Mardi Gras dans d'autres pays. C'est le début du Carême. Le Carême est un temps très sérieux dans le calendrier chrétien, mais avant son début les Suisses ont un jour appelé Fasnacht où les gens se déguisent, font la fête toute la nuit et font plein de choses qu'ils ne feraient pas d'ordinaire. La règle est qu'on ne peut pas en parler le jour suivant. Vous ne pouvez pas confronter quelqu'un et dire "Oh je t'ai vu te comporter n'importe comment hier soir." C'est une nuit de liberté. Jung décrit le *Fasnacht* comme une valve de sécurité pour faire baisser la pression. S'il n'y avait pas cela, les Suisses étant plutôt droits et conventionnels, compulsifs sur l'ordre et d'un comportement correct, exploseraient. Les Humains ont besoin de cette libération que permet Dionysus.

Le fait que BTS célèbre Dionysus de cette manière suggère qu'ils sont prêts à abandonner leur persona et se libérer des pièges que la persona place. Ils arrivent à un point de libération des contraintes de la persona.

Track 6 : *Interlude : Shadow*

A chaque fois que nous touchons à l'ombre dans nous-même ou dans les autres, les émotions accourent. Tout au long de la chanson *Interlude : Shadow*, nous ressentons cette intensité émotionnelle dans le désir passionné de Suga pour la célébrité, le pouvoir et la fortune ainsi que ses peurs et son anxiété. Dans le clip, nous pouvons voir des images de verres et miroirs brisés. Regarder dans le miroir et confronter son ombre sera forcément une expérience bouleversante. Cela détruit les opinions de soi et les images construites du monde alentours. Cela brise notre assurance et détruit notre naïveté. Cela peut, bien sûr, préparer le terrain pour une nouvelle conscience, mais en attendant c'est une expérience éprouvante.

Qu'est-ce que l'ombre ? C'est une partie soigneusement cachée de la psyché qui s'accroche à l'arrière de l'Ego. Elle siège dans l'obscurité, bougeant silencieusement et discrètement à l'arrière-plan lorsque nous vaquons à nos affaires. Certaines parties de l'ombre reposent juste à la frontière de la conscience et nous pouvons parfois les apercevoir du coin de l'œil. La plupart du temps cependant l'ombre n'est pas visible à l'ego. Vous pourriez parfois vous arrêter et regarder plus profondément au fond de vous-mêmes et remarquer que derrière votre persona et votre ego-conscience rôde une sombre figure que nous appelons ombre.

Si vous êtes courageux vous pouvez alors l'admettre dans votre conscience. Vous pouvez la laisser vous parler et ensuite vous pourrez en voir certains aspects à la frontière de la conscience. Suga chante, comme à lui-même, "Je veux être une star du rap, Je veux être le sommet, Je veux être une rock star, Je veux tout à moi." Il laisse l'ombre prendre sa voix et parler à travers lui, montrant des traits habituellement cachés. Suga nous fait part de ses souhaits et désirs les plus passionnés. C'est comme s'il se parlait à lui-même en privé et nous laissait écouter son dialogue interne. La partie la plus cachée de nous est notre égotisme le plus froid, notre partie la plus profondément égoïste. Lorsque nous y faisons face, cela peut être une expérience vraiment bouleversante.

Bien sûr nous avons la capacité d'aimer ainsi que de haïr, une capacité d'altruisme et une capacité d'égoïsme. BTS chante souvent et merveilleusement à propos de l'amour : Être amoureux, être avec l'amour, s'aimer soi-même et aimer ceux qui nous entourent. Mais dans cet album, BTS chante à propos du côté sombre, l'ombre. L'ombre est l'autre côté de l'amour. Elle abrite notre avidité, notre ambition et soif de pouvoir sur les autres. Où l'amour tends le bras vers les autres et veux leur bien, l'ombre se retire dans l'égotisme et veut utiliser les autres à son profit et les contrôler pour des raisons égoïstes. Notre ego peut pencher des deux côtés. Il peut être pris par l'obscurité ou la lumière.

Interlude : Shadow est à propos du devenir conscient de l'ombre de manière honnête et franche. Suga se rends compte des désirs de son ombre et ouvre un dialogue avec ceux-ci. Dans la dernière partie de la chanson, on peut voir une conversation entre Suga et son ombre. L'ombre lui dit qu'ils sont un et qu'ils ne peuvent jamais être séparé.

Le dialogue fut aussi comment Jung attira l'ombre dans son fameux livre *The Red Book*. Dans ce livre nous pouvons lire ses dialogues avec toutes sortes de figures sombres et lumineuses, y compris le diable lui-même. C'est une manière de devenir familier avec ces parts du soi. En les imaginant et en rentrant en conversation avec celles-ci, une personne leur permet non seulement de devenir plus familière mais aussi d'épuiser un peu de leur énergie.

Dans la vidéo d'*Interlude : Shadow*, Suga émerge d'une porte entourée de rouge écarlate. Le rouge est la couleur d'une très forte énergie émotionnelle, la couleur de la passion, parfois de la colère, parfois du désir. Nous ne savons pas ce qui est derrière la porte mais j'imagine que c'est une maison d'obscurité. Il sort vers le conscient et va révéler ce qu'il sait. Il est seul. Au bout du couloir sont plusieurs hommes se tenant seuls devant d'autres portes, chacun isolé et ne montrant aucune relation aux autres. Suga sera le seul performeur de cette chanson. Tout nous parle de l'individu isolé, seul, en dehors de toute relation avec d'autres qui sont autour de lui. Suga symbolise l'ombre de BTS, isolée du monde qui l'entoure.

Suga chante, "Je veux être riche, Je veux être le roi, Je veux tout à moi, Je veux être moi, Je veux

quelque chose de grand, Je veux tout à moi... " C'est
l'ombre de l'avidité parlant à travers l'ego. Et ensuite,
soudainement, il a une prise de conscience de sa
situation dangereuse et tombe dans une angoisse
terrible. Il traverse à présent et soudainement la dure
réalité des opposés : La lumière intense engendre
l'obscurité intense. Plus lumineuse est la lumière,
plus sombre sera l'obscurité, Plus il s'élèvera au-
dessus des autres, plus loin sera le sol en-dessous de
lui. Suga a peur de tomber, ce qui est le résultat
inévitable lorsqu'on se penche trop en avant et que
l'on vole trop haut trop vite. Il chante : "Lorsque je
vole haut comme je l'ai toujours voulu, mon ombre
grandit dans cette lumière désolée. S'il te plaît ne me
laisse pas briller, ne m'abandonne pas. Ne me laisse
pas voler. Maintenant j'ai peur." Il prie pour être
délivré des conséquences des actes de son ombre. Il
parle pour BTS : Un grand succès engendre une
grande angoisse. Plus riches vous êtes, plus vous
aurez peur de la pauvreté.

Beaucoup de personnes ont peur des conséquences de trop de succès gagné trop vite. C'est une
peur instinctive et qui fait sens. Le succès amène
l'envie des autres, et dans leur envie ils vont com-
ploter pour la chute de ceux qui ont réussi. Pensez à
Iago dans Othello, le chef d'œuvre du mal de
Shakespeare. Rappelez-vous encore du conte mytho-
logique, l'histoire d'Icare. Icare et son père, Dédale,
un artisan doué, se fabriquent deux paires d'ailes

pour s'envoler hors du labyrinthe. Le père s'envole à une hauteur modérée et atterrit à l'extérieur. Icare, en revanche, se laisse emporter par son pouvoir de voler. Il bat des ailes trop fort et s'envole trop haut, après quoi le soleil fait fondre la cire de ses ailes, et il s'écrase et meurt. La peur de voler trop haut trop vite n'est pas une mauvaise chose. C'est une anxiété utile. Nous avons ces angoisses pour une raison.

Vers la fin de la chanson nous entendons une voix qui chante : "Je suis toi, tu es moi, le sais-tu maintenant ? Oui tu es moi, Je suis toi, tu le sais à présent." Qui chante ces mots ? C'est l'alter ego de Suga, son ombre. La chanson est passée d'un monologue a un dialogue. Son ombre lui parle et lui dit une vérité. C'est l'ombre qui parle à Suga en disant : "Nous sommes un, le comprends-tu ? Tu ne peux pas te débarrasser de moi. Nous sommes liés. Nous serons toujours ensemble. Nous sommes un corps et nous allons nous affronter, tu es moi…le sais-tu ?" Cela annonce une nouvelle conscience et acceptation de l'ombre. L'ombre sera toujours là et il est mieux d'accepter cette vérité que de la nier et d'essayer de réprimer l'ombre dans l'inconscient où on ne la voit pas.

Ce que nous avons dans cette chanson est une représentation de l'ambition et du succès. C'est un message qui dit que lorsque l'on est dans le monde et que l'on travaille dur, on veut s'élever. Mais l'ambition

active aussi le côté de l'ombre du soi qui s'efforce de
s'élever. Certains peuvent prendre des décisions qui
sont égoïste de manière cachée, peut-être se placer
avant les autres, ou poignarder discrètement quelqu'un dans le dos, ou faire des choses qui ne sont pas
vraiment correctes ou qui sont même illégales voire
immorales. Nous faisons ces choses de manière se-
mi-consciente ou inconsciente. On ne peut pas
l'empêcher. La chanson de Suga montre une prise de
conscience profonde que nous ne pouvons pas
échapper à l'ombre. Personne n'est sans ombre.

Il y a un aussi un côté collectif à l'ombre. Nous
projetons notre propre ombre et l'ombre collective
sur des personnes en marge de la société, sur des
criminels, réfugiés, immigrants, et de race ou nationalité différente. Ces personnes deviennent les
porteurs de l'ombre de la société. Cette projection
nie cependant le lien fort de parenté qui existe entre
tous les êtres humains. Suga termine sa chanson
avec : "Nous sommes un corps et nous allons nous
affronter. Nous sommes toi, nous sommes moi, le
sais-tu ?" Il affirme notre communauté et ultime
unité. Nous sommes tous liés.

Track 7 : *Black Swan*

Black Swan explore le désespoir, la terrible
disparition du sens. Cette chanson sortit d'abord via
une vidéo par un groupe de danse professionnelle

dansant sur la mélodie de *Black Swan*. La vidéo s'ouvre avec une citation de Martha Graham : "Un danseur meurt deux fois, une première lorsqu'il arrête de danser, et cette première mort est la plus douloureuse."

Un danseur vit souvent pour la danse, et danser peut devenir sa raison d'être. Les danseurs, comme BTS, mettent toute leur énergie dans leur travail, dans leur vocation professionnelle. Quand le corps des danseurs cède, ce qui arrive souvent assez vite dans leur vie, leur raison d'être peut soudainement disparaître. BTS anticipe ce moment où le groupe se rompra, où les membres devront alors arrêter de performer. Cela sera leur première mort et la plus douloureuses des morts. La seconde mort sera, bien entendu, leur mort physique. Cette chanson est la réalisation que toutes choses se terminent. Les heures de gloire de chacun se finiront. Les lumières s'éteindront et ils seront seuls, sans audience, sans applaudissement. C'est un sentiment très difficile que de l'accepter. Nous pouvons ressentir l'angoisse dans cette chanson.

Dans la vidéo de *Black Swan*, nous pouvons voir les combats du cygne blanc qui essaie de voler et les cygnes noirs qui l'entourent et le retiennent. Il bouge mais en vain puisqu'il ne peut pas voler, et il est étouffé par les cygnes noirs qui l'entourent. C'est de cette manière que les humeurs nous affectent lorsque l'on tombe en dépression ou lorsque notre vie perd son sens. Cela peut arriver à n'importe qui et de manières différentes. Une personne aimée meurt, vous avez un accident et vous ne pouvez plus faire ce que vous faisiez avant, vous êtes victime d'un AVC, vous perdez votre travail. Vous pouvez vivre une telle épreuve de multiples manières. Ce n'est cependant pas la fin d'une vie. Ces danseurs de ballet peuvent trouver une autre carrière, peut-être dans l'enseignement ou en écrivant un livre sur le ballet, ou en faisant d'autres choses qui y sont liées. Mais c'est un moment d'obscurité qui est très dur à surmonter. Le soi résilient doit s'en sortir et passer à autre chose.

Track 8 : *Filter*

Filter est le solo de Jimin dans lequel il demande : "Lequel des deux de moi veux-tu ?" BTS est un groupe de musique, ils peuvent vous remonter le moral, vous exciter ou vous calmer, Cet idée de filtre est "Je peux être tout ce que tu veux, dis-moi juste ce que tu veux, je le serais." Ce n'est pas de cette manière que les relations fonctionnent sur le long terme, mais s'en est peut-être une phase, et c'est certainement ce que le milieu du spectacle essaie de faire. Pour un temps, vous ressentirez des choses autres que vos repères habituels. BTS dit, "Nous pouvons faire cela. Nous pouvons danser pour vous.

Nous pouvons vous aider." Ils sont de grands artistes et impliquent l'audience extrêmement bien.

Cette chanson peut aussi parler d'un penchant pour un des sept membres du groupe. Lequel de ces sept membres nous attire peut-être plus ? "Lequel de moi veux-tu ?" pourrait aussi vouloir dire lequel des membres de BTS veux-tu ? Cela pourrait être celui qui vous attire le plus, ou celui auquel vous vous identifiez le plus. Cela pourrait aussi être celui sur lequel vous vous projetez le plus et donc celui dont vous vous sentez le plus proche.

Vous avez sept membres de BTS qui se déplacent, et il est dur de les distinguer sauf si l'on se concentre sur un ou deux d'entre eux. L'une des fonctions du conscient est de différencier. Lorsque vous voyez donc un groupe, vous commencez par essayer de les séparer et de les distinguer. Celui-ci fait cela mieux, celui-là fait ceci mieux. Je préfère celui-ci à celui-là. C'est une partie normale du fonctionnement de la conscience. C'est comme cela que nous développons la partialité et le penchant, en créant des sélections et des préférences. J'aime bien RM parce qu'il parle anglais et je le comprends mieux et qu'il a fait un si beau discours aux Nations Unies. J'aurais donc tendance à le favoriser mais je suis aussi attiré par le groupe dans son entier.

Track 9 : *My Time*

In *My Time*, Jungkook chante, "J'ai l'impression d'être devenu un adulte plus vite que les autres et il y a des traces de ce que j'ai manqué. Est-ce que je le vis bien ?" Il parle de ses amis qui sont dans un métro alors qu'il est dans un avion. On entend souvent cela de célébrités qui sont devenues connues quand elles étaient jeunes. Elles ont l'impression de ne pas avoir eu d'enfance et d'adolescence. Les membres de BTS ont été enrôlé dans le groupe quand ils étaient jeunes. Leurs vies sont soudainement devenues intenses, très rapides et extrêmement disciplinées, et ils ont donc manqué beaucoup des expériences habituelles de l'adolescence. C'est comme si on les avait placés dans une chute ou un tunnel ; ils ont filé et n'ont pas vu ce qui était au dehors de cette chute ou tunnel. Maintenant qu'ils ont passé la vingtaine, ils regardent derrière eux, voient à quel point le tunnel était étroit et pensent à tout ce qu'ils n'ont pas vécu.

Un autre thème dans ces chansons est la notion du temps. En sortant de l'enfance, on commence à réaliser que le temps qui passe est irréversible. Cela fait partie de la croissance vers l'âge adulte. On remarque souvent que les adolescents semblent avoir un sentiment d'invulnérabilité et d'immortalité. "Les choix importent peu ; Je peux toujours recommencer." Nous perdons généralement cette attitude adolescente au début de la vingtaine. Nous réalisons ensuite que les choix que nous avons faits sont importants et qu'ils ont des conséquences, que nous ne pouvons pas revenir en arrière et recommencer tout à zéro. On a l'impression, dans ces chansons, que le temps s'enregistre d'une nouvelle manière. Cela fait partie du développement du soi. Le temps devient de plus en plus important et nous mesurons le temps différemment et plus précisément. Nous commençons à avoir un rapport différent avec l'horloge puisque nous réalisons que nous avons des échéances et un laps de temps rétrécissant à disposition.

En fin de compte, c'est évoluer vers une crise de la quarantaine quand généralement la peur de la mort s'installe. Les gens réalisent que ce ne sont pas juste les autres qui vont mourir, nous mourrons aussi. Le temps passe et on ne peut pas le rattraper. On ne peut revenir à l'enfance.

Track 10 : *Louder than Bombs*

Louder than Bombs est une déclaration d'empathie. Les membres de BTS regardent plus loin que leur propre souffrance vers celle d'un monde plus large. Ils voient la souffrance des migrants, la souffrance de ceux qui sont victimes du réchauffement climatique, de la guerre ou de pandémies. Il y a tant de souffrance dans le monde, elle s'insinue en nous et nous la ressentons. Les membres de BTS montrent leur empathie pour la souffrance des autres dans le monde, y compris celle de leur armée (ARMY) de fans. "Nous le ressentons avec vous ; nous savons que certains/es d'entre vous traversent de très dures épreuves." Ils tendent la main par solidarité envers la souffrance du monde extérieur. Ils disent : BTS se sent concerné ! Nous ressentons votre douleur ! Ceci est un signe de maturité.

Track 11 : *ON*

Jung dit une fois : "Envoyez-moi un homme sain et je le soignerais." La santé mentale est une vertu et qualité très précieuse. Nous voulons tous être sain d'esprit, nous voulons que les membres de notre famille le soient, nous voulons que la société le soit, mais la santé mentale seule n'est pas suffisante. Il lui manque de l'imagination et de la profondeur. Cela est simplement du bon sens, et même si nous en avons besoin et qu'elle est précieuse, elle ne satisfait pas les besoins de la psyché de sens, créativité et imagination. Une "personne saine" est une personne qui n'est pas en contact avec l'inconscient. C'est cela que Jung voulait dire : Je prendrai cette personne saine et la mettrai en contact avec l'inconscient. Cela lui donnera de la profondeur. La complétude ne se base pas seulement sur une conscience rationnelle.

Pour Jung, le chemin vers la complétude était de rentrer en contact avec l'inconscient en travaillant avec les rêves, l'imagination active et d'autres méthodes, pour que nous puissions être en contact avec les autres parties de nous-mêmes que nous ne qualifierions pas forcément de démentes, mais irrationnelles et hors des sentiers battus. C'est là que notre créativité sera. C'est de là que notre énergie de vivre viendra.

"ON" nous parle aussi beaucoup de résilience, de surmonter les difficultés et continuer. BTS fait preuve d'une qualité qui est décrite dans la théorie dite d'"anti-fragilité." L'anti-fragilité est une qualité que certaines choses ont et qui leur permet de survivre à de gros chocs et traumatismes. Si un objet est anti-fragile, il peut tomber de très haut sur une surface dure et ne pas se casser. Des choses fragiles comme des verres et des vases se cassent. Nos téléphones portables sont faits pour être anti-fragile. Vous pouvez le laisser tomber, il peut tomber dans les toilettes, et il ne se cassera pas ni ne s'arrêtera de marcher. Il est anti-fragile. C'est ce que nous cherchons à atteindre lorsque nous travaillons avec des personnes en psychothérapie, les rendre anti-fragile. Nous recevrons tous des coups, ferons face à des épreuves et des contretemps, des échecs, etc... C'est inévitable, et si nous sommes fragiles cela nous brisera. Rendre quelqu'un anti-fragile est le rendre résilient pour qu'il puisse se rétablir. Il peut tomber, être émotionnellement blessé et souffrir mais il peut se relever et continuer. C'est de cela que parle cette chanson. Continue de bouger, continue d'avancer, peu importe la difficulté des épreuves.

Track 12 : *Ugh !*

La chanson *Ugh !* exprime le dégoût des gens qui se cachent derrière des masques et dirigent leur colère contre les autres anonymement. Elle pousse les gens à prendre position contre un monde dominé par la rage. Elle donne un aperçu de la douleur endurée par BTS comme cible de cette colère masquée. Les trolls et les brutes se cachent dans tous les coins de l'Internet des réseaux sociaux. Vous pourriez voir une personne vous sourire lorsqu'elle vous rencontre, mais cette même personne s'en prendra à vous sur Facebook. Les posts sur Twitter et sur les autres plateformes attirent habituellement un grand nombre de "trolls" harceleurs si un post est quelque peu discutable. Une grande partie de cette colère est due à l'envie, la jalousie et la projection. BTS doit recevoir beaucoup de cette colère. L'envie des autres groupes de K-pop et d'autres gens qui n'ont pas eu autant de succès doit être immense. Je suis sûr qu'ils reçoivent beaucoup de coup. Cela peut avoir de lourdes conséquences : *Ugh !*

Track 13 : *Zero O'Clock*

Zero O'Clock est l'heure de minuit. C'est quand le jour passé se termine et que le nouveau commence. C'est une chanson à propos des fins et des commencements. C'est une chanson de renaissance. Elle est liée à la neuvième chanson, *My Time*, avec le thème de la conscience du temps qui passe. Lorsque l'on quitte l'enfance et que l'on entre dans l'âge adulte, le temps prends un nouveau sens. On réalise que le temps est composé de cycles : Toute chose a sa fin, et toute fin est suivie d'une renaissance dans quelque chose de nouveau. À Zéro heure, c'est-à-dire minuit, nous sommes à un tournant de la transition.

Track 14 : *Inner Child*

Inner Child est chantée par V. C'est son solo et il est d'ailleurs approprié que cette chanson soit chantée par une seule voix. C'est un récit intime des souvenirs d'enfance. C'est une chanson de nostalgie, une tendre commémoration d'expériences passées, en étant blotti dans le duvet du réconfort et de la protection maternelle.

L'"inner child" est aussi souvent lié dans les écrits psychologiques à des expériences traumatisantes dans l'enfance. Cette expression est extensivement utilisée dans les études des premiers traumatismes. Donald Kalsched est l'un des jungiens le plus important à aborder le thème du traumatisme et comment les enfants s'en défendent. L'enfant souffre un traumatisme et ensuite crée un système de défense qui peut être à la fois protecteur et destructeur. Kalsched admire l'esprit que l'enfant protège, son essence divine. Le bouclier qui se développe est une épée à double tranchant, puisque d'un côté il empêche le traumatisme d'entrer, mais il garde aussi l'enfant, et plus tard l'adulte, séparé de la vie.

La chanson *Inner Child* est aussi symbolique. Ses sources incluent aussi des souvenirs d'enfance, mais elles sont bien plus lourdes de sens pour le présent et le futur. L'enfant qui sommeille en nous n'est pas seulement l'enfant du passé mais aussi l'enfant du présent et le potentiel pour le futur. C'est un archétype. C'est une part de nous qui est nouvelle, qui a une orientation futuriste, et qui peut grandir et se développer. L'enfant en nous peut être très sensible comme le sont souvent les enfants mais il a beaucoup de potentiel. Lorsque l'on parle de cet enfant en psychologie, nous parlons du potentiel de croissance et développement futur d'une personne ainsi que des souvenirs d'enfance.

Track 15 : *Friends*

Friends est un duo entre Jimin et V. Tout au long de la chanson ils chantent : "Restes ici, restes à mes côtés." Ils sont amis depuis leurs jours d'école et restent chers l'un à l'autre. La chanson anticipe aussi une inévitable, ne serait-ce que partielle, séparation. *Map of the Soul : 7* est dans son entier à propos de l'achèvement d'un opus, d'une grande œuvre. L'album annonce cet achèvement et donc sous-entends une fin. Cela est implicite dans l'album même si on le remarque beaucoup dans la plupart des chansons. Cet album annonce la fin d'une période ou d'une phase. Malgré cette réalisation, Jimin et V affirment leur longue amitié qui leur est très précieuse. La vraie amitié entre deux hommes est quelque chose de très rare dans notre monde. Lorsque des amitiés sont formées tôt dans la vie, elles ont le potentiel de durer une vie entière. La vie des gens peut toutefois prendre des cours imprévus et les amis vont alors aller dans des directions diffé-rentes. Les gens grandissent et changent, comme des serpents qui muent, et cela peut vouloir dire qu'ils s'éloignent les uns des autres. C'est quelque chose dont l'on peut faire le deuil puisque c'est une perte. Cependant, des amitiés profondes peuvent être tenaces. *Friends* honore un tel lien.

Track 16 : *Moon*

Moon est chantée par Jin. C'est son solo. Il prend le rôle de la lune chantant à la Terre, qui est l'armée (ARMY) des fans de BTS du monde entier. Il est significatif que BTS utilise la lune pour symboliser la lumière éclairant les fans. La lune est une lumière dans l'obscurité. C'est très dramatique visuellement et très romantique. Néanmoins la lune, contrairement au soleil, est changeante. Elle traverse des phases. Elle est parfois brillante, parfois effacée. La chanson suggère des cycles avec BTS, qui parfois brille fortement et d'autres fois s'efface. C'est une sorte de chanson d'amour.

Track 17 : *Respect*

L'une des raisons les plus citées que les gens donnent pour avoir commis des actes violents est qu'ils se sentaient "critiqués," méprisés d'une certaine manière. L'irrespect peut être perçu comme une humiliation et provoquer des crises violentes menant à des actes catastrophiques. L'irrespect enrage beaucoup de monde. Il est une caractéristique importante de la violence domestique. Lorsque les enfants ne respectent pas leurs parents, ou que les parents ne respectent pas leurs enfants, ou que les époux ne se respectent pas, de violentes disputes apparaissent qui peuvent mener à des actes violents.

Dans cette chanson, BTS parle du respect comme la vertu la plus haute et la plus difficile à atteindre. Ils chantent que c'est une chose de dire que vous respectez quelqu'un, mais aller au fond des choses et se comporter en conséquence en est une autre. Agir avec respect est le test crucial. "Respect veut dire, comme ça s'entends, de littéralement regarder encore et encore. Regardez encore et encore et vous verrez des défauts, mais vous voulez toujours continuer de regarder malgré cela." Ils nous incitent à regarder les autres. Lorsque nous regardons quelqu'un, nous voyons forcément ses défauts, mais le fait que nous souhaitions néanmoins continuer de regarder et, j'ajoute, regarder sans jugement, montre que nous le respectons.

Track 18: *We Are Bulletproof: The Eternal*

Dans *We Are Bulletproof: The Eternal*, BTS chante ensemble. "Nous étions seulement sept, mais nous vous avons tous maintenant. Nous n'avons plus peur, ensemble nous sommes résistants aux balles." C'est une affirmation qu'eux et ARMY sont un, et ensemble ils sont invulnérables aux pierres et flèches de la haine et de la critique. Ils sont "pare-balles", ils ne baisseront pas les bras. Ils revendiquent même l'immortalité. Dire qu'ils sont *Eternal* est en effet une très grande déclaration. Cela veut dire qu'ils ont surpassé le temps lui-même. La temporalité ne les affecte pas et, dans des années, même après leur mort, ils seront toujours présents, et leur musique sera toujours une inspiration pour la jeunesse. Ils placent BTS parmi les étoiles qui ne changent jamais. C'est une très forte revendication, et cela affirme aussi leur force et leur unité en tant que groupe, et leur unité avec leurs fans, les ARMYS.

Track 19 : *Outro : Ego*

Outro est une section musicale typiquement conclusive, mais nous ne savons pas vraiment ce que *outro* signifie dans cette chanson. Cela signifie-t-il que c'est la fin d'une série ou cela conclut-il cet album ? Qu'est-ce-que cette chanson signifie dans la vie de BTS ? Que nous disent-t-ils à propos d'eux-mêmes ? Comme dit auparavant, je considère BTS comme une seule personnalité. Même si les chansons sont chantées par des individus, comme J-Hope et Suga et ainsi de suite, ils chantent pour le groupe dans son entier. Maintenant BTS vieillit. Ils ont commencé comme un "boy group" mais ils ne sont plus des garçons. Les groupes de K-pop sont d'habitude de très jeunes adolescents, mais les membres de BTS sont maintenant au milieu de la vingtaine. Ils atteignent un autre stade de la vie et deviennent des adultes matures. Ils auront bientôt la trentaine.

Outro : Ego célèbre le moment où nous réalisons "Je suis je." Je ne suis pas toi ; je ne suis pas quelqu'un d'autre en m'identifiant avec eux. Non je suis je. Jung a vécu cette expérience et la documente dans son autobiographie, *Memories, Dreams, Reflections*. Il dit que c'est comme sortir d'un nuage, et soudainement il a réalisé : Je suis je, je suis moi-même. Cette approche de soi-même et affirmation de son unicité et individualité est la maturité de l'ego. C'est une initiation à la vie en tant qu'individu, séparé des autres. « Je suis » veut dire "J'existe comme je", comme unique. Le sens de la temporalité est une grande partie de cette chanson. ; c'est le sens du temps qui passe. Je suis là seulement pour un peu de temps dans l'Histoire du monde. C'est la conscience de l'ego, la réalité du temps et de la finitude. C'est chanson est une *outro* dans le sens que BTS conclut une étape de sa vie et accepte la suivante. Tout cela fait partie de l'individuation des membres de BTS et de BTS en tant que groupe.

L'individuation est le terme que Jung utilisait pour décrire le développement psychologique de toute une vie, des mois passés dans le ventre de sa mère jusqu'au dernier souffle. C'est la durée de vie d'un individu. Ce qui arrive psychologiquement et sur le plan du développement dans cette durée de vie est ce que Jung appelait individuation. Individuation signifie en fin de compte devenir l'individu que nous sommes destinés à être. Nous sommes nés avec un certain code, un code génétique mais aussi un code psychologique, qui renforce l'émergence de nos potentiels et de notre développement de talents et aptitudes.

In *Outro : Ego*, J-Hope chante que "le temps se précipite toujours plus" et à propos de "choix par mon destin." Il parle de souvenirs d'enfance et dans la vidéo il y a une photo de lui petit. Cela a à voir avec la réalisation que les décisions importantes que nous faisons dans la vie déterminent irrévocablement le cours de notre vie. Quand nous sommes jeunes nous pensons qu'il y a tellement de différentes directions que l'on pourrait prendre, tellement de choses que l'on pourrait faire. Nous pourrions essayer quelque chose pendant un moment, et si cela ne marche pas, nous en essaierons une autre. Les conséquences de nos choix sont alors minimisées. Lorsque nous sommes jeunes, nous avons beaucoup de potentiel, et nous n'avons pas besoin de choisir tout de suite. Toutefois, pour les membres de BTS, leur destin fut scellé dès lors qu'ils furent identifiés comme ayant une incroyable capacité à performer musicalement et furent donc pris comme trainees. La décision de suivre cette opportunité, pour toute personne qui prends cette décision, devient leur destin. C'est leur vie et c'est irréversible. Lorsque nous réalisons que le temps passe dans une seule direction, en avant, et que nous réalisons aussi qu'il ne recule ni ne s'arrête, alors nous vivons dans l'ego. L'Ego vit avec la temporalité, avec le cours du temps passé, présent et futur.

Avant que l'ego soit bien développé, le temps n'existe pas de la même manière. Pour l'enfant le temps n'est pas un facteur ; il vit dans l'intemporalité, l'éternel maintenant. C'est un état merveilleux : Pas de temps, pas de mort ni de vieillissement, pas de hier ni de demain. En grandissant nous commençons à vivre avec un sens de temporalité et nous apprenons à prendre sérieusement le temps en compte en prenant des décisions. Nous vivons en processus et dans un monde conséquent où les décisions font une différence et il y aura des décisions difficiles et des routes que l'on ne prendra pas. On ne peut pas retourner dans le passé. J-Hope se rappelle son enfance et il y a de la nostalgie dans ce souvenir. Bien sûr, il est important de se rappeler du passé, mais nous ne pouvons pas revenir en arrière. La réalisation que nous ne pouvons pas reculer dans le passé et que le temps ne s'arrête pas mais avance toujours est un moment très important. Tout à coup nous réalisons que nous devons faire face au présent et au futur. Les choix que nous faisons ont des effets non seulement dans le moment présent mais aussi dans le futur.

J-Hope arrive à cette réalisation dans la chanson. Il chante "main du démon, fatidique rappel." Le démon est l'ombre, et peut-être un démon fut impliqué dans sa décision de devenir une star de BTS, le démon de l'ambition. Dans la sixième chanson de l'album, *Interlude : Shadow*, Suga chante, "Je veux être une Rockstar" et "Je veux être riche." Le démon joue un rôle dans certains de nos choix ; autrement dit, l'ombre vient et nous pousse dans une certaine direction, nous motive à faire un certain pas, et ensuite nous réalisons que nous ne pouvons pas inverser le processus qui a été mis en mouvement. Nous regardons en arrière et pourrions penser, « Wow, je me demande si j'aurais vraiment dû faire ça. Je n'aurais peut-être pas dû. » Mais c'est trop tard, et nous ne pouvons pas revenir en arrière. Nous ne pouvons pas refaire le passé ; il est fait. Nous devons avancer et faire le deuil du passé, ou s'en rappeler et l'honorer, mais nous ne pouvons pas y retourner.

Plus tard dans *Outro : Ego*, Le visage de J-Hope est superposé sur des peintures de dieux anciens. Il y a danger d'inflation puisque le statut de célébrité peut être ressenti comme divin. Lorsque l'ego arrive à ce niveau de célébrité et peut se célébrer lui-même, il peut sembler divin à lui-même et aux autres. C'est un moment dangereux puisque l'ego peut exagérer ses capacités et ses aptitudes à contrôler la vie et d'autres évènements. De plus, il n'est pas réel et s'avèrera finalement être vide, un autre masque. Les dieux sont imaginés par les êtres humains comme vivant une vie plus ou moins sans douleur. Dans la plupart des panthéons, les dieux sont au-dessus des souffrances humaines et au-dessus des effets du temps. Ils créent et détruisent. Ils ont contrôle sur le temps lui-même. Ils sont très différents de la manière dont nous vivons nos vies dans un corps. Les Grecs parlaient d'hubris (démesure), et lorsque les humains pensaient être des dieux, ils couraient le risque d'être punis par les dieux, que cela soit sous la forme d'une maladie, d'un accident ou d'un terrible malheur. Dans la sixième chanson, *Interlude : Shadow*, Suga supplie de ne pas voler trop haut parce qu'il réalise clairement que celui qui vole trop haut sera brûlé par le soleil, tombera et en mourra. Dans la chanson, il y a une angoisse de cette "inflation." Dans *Outro : Ego* toutefois, l'expérience du succès par l'ego est plus affirmative. C'est un moment dans l'album d'affirmation de l'ego qui peut être une très belle chose. Cela est conforme aux sentiments de Jung pour l'Ego : L'ego n'est pas une mauvaise chose. L'ego est notre conscience, notre connaissance et il est bien enveloppé par notre individualité. Nous pouvons affirmer l'ego. C'est une bonne chose que d'avoir un fort ego, juste pas un ego trop excessif.

Je pense que BTS conclut l'album avec cette affirmation, "Oui, nous sommes arrivés à cette étape de la conscience." L'album démarre avec *Persona*, puis passe ensuite par *Shadow* et finis enfin par *Ego*. Cela est lourd de sens. C'est un album structuré et solide. Les chansons s'ouvrent à la surface de la psyché et ensuite se déplacent vers l'intérieur. Elles traversent l'ombre et finissent avec un fort ego. C'est un important développement psychologique. L'ego est renforcé en faisant face à l'ombre et en l'intégrant.

Chapitre 3

Un compte rendu de
La structure de l'âme

Par Steven Buser et Leonard Cruz

La structure

La structure de l'âme a deux points centraux, l'*ego* et le *soi archétypal*. Le *Soi archétypal* se situe dans le noyau de notre *Ego*. Comme ce concept est difficile à dépeindre, nous l'avons représenté comme un cône au travers duquel l'*ego* s'engouffre dans le *soi archétypal*. Nous parlerons plus de ces structures dans un moment.

Dans le coin en haut à droite de la structure apparaît un large œil qui regarde à l'extérieur vers un village, ou plus précisément, vers le monde entier, saisissant dans son entier tout ce que physiquement nous voyons, entendons, sentons et touchons. L'*Ego*

Persona

Animus

Anima

External World

Persona

Ego

Shadow

C
A

C
A

C
A

Archetypal Self

C
A

Complex

C
A

Archetypal Core of Complex

Primordial Fire
(deep within collective Unconscious)

Illustration by Steven Buser

perçoit la réalité au travers des sens. L'œil se tient sur une chaîne de montagne représentant la *persona*. La *persona* est située entre l'*ego* et le monde qui l'entoure, puisqu'elle sert de médiateur à notre présentation au monde extérieur. La plus grande partie du monde ne voit pas ce qui est derrière la *persona*, de la même manière qu'une chaîne de montagne nous bloque la vue. La *persona* est le *masque* que nous montrons à ceux qui nous entourent.

À gauche de la montagne se situe l'ombre avec l'*ego* entre deux. L'*ombre* est dépeinte comme un personnage encapuchonné. Ce n'est pas une coïncidence qu'elle se trouve directement à l'opposé de la *persona*, de l'autre côté des montagnes (du point de vue de l'*ego*). L'*ombre* est le contraire de la *persona*. N'importe quel visage positif et acceptable que nous montrons au monde par notre *persona* est équilibré par une figure plus sombre, méconnue et contraire qui forme notre *ombre*. L'*ombre* porte toutes les parties non voulues, honteuses et inacceptables de notre psyché. Nous les enterrons bien profond, en espérant qu'elles ne seront pas découvertes. L'*ombre* existe dans l'inconscient.

En haut à gauche de la structure, une région qui est toujours dans le royaume inconscient, reposent l'*anima* et l'*animus*. Elles sont dans notre âme des silhouettes de sexe opposé et inconscientes. La silhouette masculine est dépeinte comme un guerrier, alors que la silhouette féminine est habillée d'un long Chiton, une sorte de tunique. La vue jungienne classique est qu'un homme possède une *anima* féminine le liant aux niveaux plus profonds de son inconscient, alors qu'une femme aura un *animus* masculin la liant aux profondeurs de son inconscient.

Éparpillés dans l'inconscient sont plusieurs ovales avec au milieu un "C" pour les *complexes* et un entonnoir s'effilant vers une lettre "A" pour l'*archétype*, qui est au cœur d'un complexe. Nous expliquerons cela plus tard.

Finalement, au fond de cette structure se trouvent les flammes du *feu primordial*. Cette image nous rappelle que l'inconscient collectif sous-tends l'entièreté de la structure. C'est ici que les forces primitives résident et que des symboles puissants, des peurs et inspirations émergent petit à petit.

Le monde extérieur

Le monde extérieur est la partie de cette structure la plus facile à comprendre. Il représente tout ce que nous connaissons de notre monde. C'est tout ce que nous pouvons toucher, voir et entendre et tout ce qui est présent dans le monde physique avec lequel nous interagissons, y compris les gens, les objets et d'autres créatures. Le monde extérieur contraste avec notre expérience intérieure. Notre expérience intérieure est plus dure à saisir et comprendre, en particulier le royaume de l'inconscient dont nous ne sommes, justement, pas conscients.

L'Ego

L'*ego* est à la surface de l'inconscient et occupe le centre de la conscience. C'est le "je" qui parle, et c'est ce dont *je* suis conscient lorsque *je* réfléchis. Cela repose à la frontière entre ce que nous savons et ce que nous ne savons pas. C'est ce que nous comprenons sciemment de notre expérience d'être humain. Il agit et entame des projets. Incluant tous les traits et caractéristiques par lesquelles nous nous connaissons consciemment nous-mêmes. Il est informé et affecté par tous nos souvenirs, traumatismes, émotions et faits, ainsi que par tous ce que nous ressentons consciemment dans nos corps. Lorsque nous avons un "éclair de génie", c'est souvent la connaissance de quelque chose d'inconscient qui perce notre connaissance de l'*ego* conscient.

La Persona

La *persona*, la chaîne de montagnes, sépare notre *ego* du monde extérieur et interagit avec. L'œil entre l'*ego* et le monde extérieur insiste sur le fait que nous regardons le monde avec la perspective de notre *ego*. C'est au travers des sens que nous percevons le monde autour de nous, et cela est représenté par l'œil qui regarde vers l'extérieur. Ce que le monde voit en nous regardant est notre *persona*. Ainsi, dans cette structure, lorsque des amis, de la famille ou même n'importe qui nous regarde et forme une opinion sur nous, il ne regarde pas notre *ego*, mais plutôt notre *persona*, le masque que nous leur permettons de voir. Ils voient la *persona* ; ils ne voient jamais le vrai nous, seulement la part de nous que la *persona* leur permet de voir. Notre *persona* varie, en fonction du rôle dans lequel nous sommes. Au travail, je peux être un docteur. Je me transforme peut-être en docteur en portant une blouse blanche ou d'autres vêtements professionnels. J'utilise un jargon propre aux médecins, un "jargon médical." J'ai l'air professionnel et peux me surprendre à utiliser des grands mots et un jargon professionnel qui renforce mon identité et convainc moi et les autres de mon statut. Ma *persona* de travail me permet de fonctionner plus librement et sans incident dans mon rôle. Cependant quand je rentre à la maison le soir, si je devais oublier d'enlever ma *persona* de docteur et de revêtir ma *persona* d'époux, de mauvaises choses arriveraient. Je pourrais donner des ordres à mon épouse, utiliser un jargon verbeux et professionnel, insister pour que les choses se fassent à ma manière etc. À la maison, les aspects de ma *persona* qui s'identifient avec ma *persona* de docteur ne sont plus adaptés ; ils sont en effet inadéquats. À la maison je devrais plutôt revêtir ma *persona* d'époux ou de père. Avec ces *persona* je suis moins professionnel : je suis plus susceptible de rire, faire des blagues et me rouler par terre avec mes enfants. Nous revêtons un large éventail de *persona* tout au cours de notre vie, comme par exemple, étudiant, ami, tuteur, élève, athlète, fêtard, rock star, militant, etc.

L'ombre

Notre *ombre* est le contraire de l'image de notre *persona*. Pour chaque aspect de notre présentation au monde au travers de notre *persona*, une partie opposée de notre personnalité est séparée et stockée dans l'*ombre*. Si j'ai travaillé pour que ma *persona* soit perçue comme amicale, serviable et encourageante, cela veut dire que les contraires de ces traits, froid, peu serviable et décourageant, sont séparés et déposés dans l'*ombre* inconsciente. L'intensité de ce phénomène semble varier en proportion directe avec l'intensité et la partialité de la *persona*. Une personne qui présente sa *persona* aux autres comme extrêmement juste, pieuse et dévote, qui n'est pas colérique ou négative, créera surement une *ombre* inconsciente avec des caractéristiques très puissantes, cruelles, immorales et irrévérencieuses. Lorsque l'*ombre* révèle sa présence, la manière dont elle exprime les caractéristiques contraires peut être très énergique et percutante. Les nouvelles ont été pleines de pieux prédicateurs prêchant avec force contre des comportements qu'ils considèrent comme immoraux, seulement pour qu'ils se retrouvent eux-mêmes accusés de ces mêmes comportements. Nous pouvons expliquer cela en disant que plus leur *persona* devient pieuse, plus stimulée et immorale devient alors leur *ombre*. Il est souvent simplement question de temps pour que l'*ombre* inacceptable jaillisse et soit exposée au public. Cette sorte de *revirement* peut être choquant, mais il peut aussi être le commencement d'une vie nouvelle et plus authentique si l'on s'en occupe correctement.

Typiquement, à moins d'avoir fait un grand travail sur nous-mêmes, le contenu de notre *ombre* nous est caché et inconnu. Moins nous connaissons notre *ombre*, plus nous agirons inconsciemment d'après elle, souvent en blessant les autres. Il est crucial pour nous d'admettre que nous avons un côté de l'*ombre* et de travailler pas à pas pour s'en occuper sainement. Cela consiste surtout à devenir conscient des aspects de notre *ombre* en faisant attention à nos rêves, à ce que nous trouvons répréhensible chez les autres, à ce que nous envions, en explorant les moments de *revirement* lorsque l'*ombre* jaillit.

Anima et Animus

Enterré dans notre inconscient repose une autre figure qui contient les côtés négligés de notre masculinité ou féminité. 100 ans plus tôt, alors que Carl Jung développait ces théories, le genre était définit plus strictement dans la société. Il était rarement toléré, pendant l'ère Victorienne, que des hommes montre leur côté féminin et vice versa. Ainsi, un homme qui vivait en incarnant surtout des qualités masculines, restait ignorant de sa figure féminine, non-développée et inconsciente, que Jung appelle *anima*. C'est au travers de l'*anima* qu'un homme peut se rapprocher de son côté plus doux, plus expressif et peut-être plus créatif. Lorsqu'il pleure, est pris par d'intenses émotions, ou est plus poussé par son cœur que par sa tête, il est probablement lié à son *anima*. Cette *anima* peut venir à lui en rêve comme une femme sensuelle et expressive. Elle est son guide vers les endroits plus profonds de sa personnalité. Elle est enceinte d'une nouvelle vie, annonçant le futur.

Traditionnellement, les femmes traversaient un défi de développement opposé, lancé à leur identité. Elles étaient découragées de poursuivre des carrières exigeantes et majoritairement masculines et visaient rarement des rôles publics de pouvoir et d'autorité. Une figure masculine inconsciente vivait norma-lement cachée dans leur inconscient, une forte personnalité, déterminée et à l'énergie guerrière, que Jung appelle *animus*. Dans les rêves, cette figure apparaît souvent sous la forme d'un homme fort.

Dans la seconde moitié de la vie d'une femme, elle pourra se distancer d'un rôle trop maternel et

jusqu'à maintenant. Nous pouvons imaginer le héros le plus puissant du monde, Hercule par exemple, reposant au cœur de ce *complexe*. C'est dans cette énergie intense que puise une personne sous l'emprise d'un complexe du héros. Ces moments peuvent être dangereux pour ceux qui sont piégés dans un complexe, mais peuvent aussi avoir pour résultat des actes admirables.

Le Soi Archétypal

Dans le système de la psychologie jungienne, l'*ego* est techniquement un complexe dans lequel nous contenons notre identité propre et consciente. En se rappelant qu'au cœur de chaque *complexe* repose un *archétype*, qu'au cœur de chaque *complexe de l'ego* repose un *soi archétypal*. Nous pouvons y faire référence par son nom entier, le *soi archétypal*, ou simplement le *Soi*. L'usage veut que nous mettions une majuscule au *Soi* pour affirmer ses éléments de totalité, voire même de sacré, de la même manière que *Dieu & Il/Son/Lui* dans la Sainte Ecriture. Le *Soi* est le grand principe organisateur de l'humanité (ainsi que de chaque individu). Si beaucoup font référence au *Soi archétypal* comme Dieu, il peut être préférable de le considérer comme divin avec des possibilités infinies et sans frontières que nous associons souvent à un *pouvoir suprême* ou à une somme de tous les éléments conscients et inconscients de notre univers.

C'est *l'Alpha et l'Omega*, le début et la fin, la *totalité* et la *singularité* combinée en un. Il est dur d'écrire à propos du *Soi archétypal* sans tomber dans le mysticisme et en utilisant de grandes métaphores. Il est vraiment ineffable, et des mots ne peuvent le définir.

Le feu primordial

Nous avons ajouté le *feu primordial* au fond de notre structure pour nous efforcer de montrer quelque unes des profondes forces archétypales sous-jacentes à ces structures. Le *feu primordial* représente la source initiale de l'énergie psychique et des forces stimulantes tout au long de l'Histoire de l'humanité et même de l'Histoire de l'univers. Il stimule la survie, l'évolution, la créativité et des instincts tels que la sexualité et la faim. Lorsque nous sommes abattus, nous avons perdu contact avec le *feu primordial*. Lorsque nous sommes surexcités, nous pourrions être engouffrés par ses flammes. Parfois le feu enveloppe la planète, comme durant les guerres mondiales ou dans des temps de conflit profond ou de bouleversement social. Il a des veines profondes dans la psyché et cours comme de la lave sous la croûte terrestre, entrant en éruption durant ces temps intenses.

C'est un feu collectif qui a brûlé au travers des âges. Les mots troublants de Billy Joel, « Nous n'avons pas allumés le feu, il a toujours brûlé depuis que le monde a tourné », capturent fortement la métaphore de ses flammes sans fin.

Avant de s'arrêter plus profondément sur les idées de *persona*, *ombre* et *ego*, voici quelques suggestions qui sortent de cette structure.

Quelques préceptes à garder en tête...

Ne laissez pas le monde vous définir. Balisez votre propre chemin !

Cela est particulièrement difficile pour des jeunes personnes. Il y a tellement de choses à faire durant ces premières années – exceller au lycée et à l'université, trouver la bonne carrière, trouver un partenaire pour la vie, élever des enfants, etc. Il n'y a rien de mal à cela, en effet la plupart de ces choses sont importantes à faire, mais parfois ces attentes sont jetées sur nous contre notre gré, et elles sont contraires à notre vraie nature. En regardant au travers de la lentille de notre carte, nous devons faire attention à ce que la *persona* que nous construisons reste authentique ; nous devons écouter la férocité de notre *ombre* ; nous devons éviter d'être piégés par nos *complexes* et nous devons puiser dans l'inspiration de notre *anima/animus*. Seulement en incluant cette totalité, à la fois consciente et inconsciente, pourrons nous espérer discerner notre unique chemin et suivre notre vrai soi.

Ecoutez les rêves que vous faites la nuit. Ecrivez un journal de vos rêves.

L'un des principe clé de la psychologie jungienne est l'importance cruciale de nos rêves endormis. Les rêves proviennent de l'inconscient collectif et sont informés par le *Soi archétypal*. Tous les rêves ont un sens pour nous, ils nous disent ce que nous ne savons pas encore mais avons besoin de savoir. Ecrivez vos rêves dans un journal. Réfléchissez sur ceux-ci le jour suivant et demandez-vous ce que vous rappellent les divers éléments de votre rêve. Evitez la simplicité d'un « dictionnaire des symboles du rêves », puisque vous devez faire le travail vous-mêmes et ne pas reposer sur les interprétations des autres. Si vous pouvez, travaillez avec un analyste jungien ou un autre thérapeute qui travaille avec les rêves avec cette même perspective. Joignez ou commencez un groupe du rêve où les gens partagent et réfléchissent sur les rêves dans un environnement ni jugeant ni critique. Utilisez vos rêves pour développer votre propre *Structure de l'âme* person-nalisée.

Ecoutez vos rêveries pendant la journée. Ecrivez un journal.

Considérez aussi de garder un journal du jour pour n'importe quelle pensée, émotion, impulsion créatrice ou inspiration que vous pourriez avoir. Vous pouvez même écrire des dialogues avec d'autres part

de vous-mêmes comme l'*ombre*, l'*anima* ou des personnages de vos rêves endormis. Faites attention aux
fois où vous vivez des revirements et que l'*ombre* jaillit.
Posez des questions et apprenez à connaître ces parties
intérieures de vous-mêmes. Pensez au présent et rêvez
au futur. Restez curieux pour tous les éléments de
vous-mêmes, votre monde intérieur et comment vous
interagissez avec les autres. Cette curiosité vous
gardera sur le chemin du développement.

Restez conscient de votre côté obscur (votre ombre). Assumez-le lorsqu'il s'emporte et utilisez sa force.

Malheureusement, ignorer notre côté obscur est
un piège commun dans lequel nous tombons tous de
temps en temps. Nous nous convainquons que nous
avons apprivoisé notre obscurité intérieure, seulement
pour la voir réapparaître soudainement. Lorsque notre
obscurité surgit, elle a tout contrôle sur nous et peut
nous mener vers de multiples chemins destructeurs.
Il est vital que nous restions conscients de notre
ombre, des préjugés blessants, des stéréotypes et des
attitudes supérieures que nous avons.

Restez lié à votre *ombre*. Dialoguez avec elle,
écoutez-là et observez comment elle est projetée sur
les personnes et situations de votre vie, comme un
film projeté sur un écran. Admettez-le aux autres
lorsque votre soi obscur a pris le dessus et que vous
avez fait des choses que vous regrettez. La croissance

et l'individuation peuvent seulement arriver si nous restons conscients de notre soi obscur et si nous voulons bien nous confronter à nos qualités les moins attrayantes.

Restez liés à votre corps

Evitez de rester trop piégé dans votre tête et déconnecté de votre corps et du monde extérieur. C'est un piège dans lequel beaucoup de jungiens et d'autres intellectuels tombent. Seulement observer des idées, concepts et archétypes sans regarder aussi comment ils s'incarnent eux-mêmes dans notre monde physique peut s'avérer être une erreur coûteuse. Ecoutez votre corps. Essayez de comprendre quand il a mal, quand il grogne ou a des souvenirs douloureux. Appréciez votre corps quand il veut danser, courir ou se laisser aller.

Restez créatifs, peu importe comment, et exprimez cette créativité.

Restez connecté à n'importe quelle sorte de créativité qui peut animer votre âme. Ces expressions ne sont pas seulement des œuvres d'art comme de la peinture sur une toile mais aussi la danse, la prose, la céramique, la musique, la voix et encore d'autres innombrables expressions. La créativité est un bon moyen pour puiser dans l'*énergie primordiale* d'une manière saine qui alimentera notre croissance et notre individuation.

Connaissez la composition de votre personnalité, ses forces et ses faiblesses.

Soyez curieux de savoir qui vous êtes et comment votre personnalité vous pose problème et vous renforce. Recherchez une compréhension des idées d'introversion, d'extraversion, de réflexion, de sensation et d'intuition etc. de Carl Jung. Savoir qui vous êtes dans ces situations et comment vous interagissez avec les personnes importantes dans votre vie, aide non seulement à comprendre nos comportements mais aussi à améliorer la manière avec laquelle nous interagissons avec les autres.

Rappelez-vous l'arc de la vie et que les jeunes adultes, les quarantenaires et les personnes âgées ont des vocations très différentes.

Il est important de considérer à quel stade nous sommes dans notre vie. Au début de l'âge adulte, nous sommes normalement en train de construire nos structures psychiques, notre personnalité, nos désirs, nos relations et nos vocations. Nous le faisons, avec un peu de chance, avec beaucoup de passion et un sentiment de vocation. Vers la quarantaine, nous avons déjà construit ces structures et sommes plus occupés à une carrière productive, une famille grandissante et d'autres défis.

Souvent à la quarantaine, correction importante de trajectoire est nécessaire. Nous devons rester vigilants et écouter ce besoin. Dans un âge avancé, nous sommes de l'autre côté de l'arc de la vie, diminuant sur certains points et s'approfondissant sur d'autres. Nous sommes normalement en train de quitter notre métier et de conseiller ceux qui nous entourent. Nous sommes souvent plus spirituels et entretenons notre connexion intérieure à une plus haute réalité. Alors que chacun d'entre nous doit trouver sa propre manière de s'exprimer dans ces modèles typiques, il est utile de se rappeler que la structure de l'âme nous sert différemment en fonction du stade de notre vie.

Restez fidèles à vous-même

Nous devons rester fidèles à nous-mêmes ! Mais qu'est-ce-que cela veut dire ? Bien sûr cela veut dire des choses différentes pour des personnes différentes. Nous proposons que cela comprend la quête vitale vers la découverte de ce vers quoi vous êtes exclusivement appelés dans ce monde. C'est se libérer des moules dans lesquels les autres essaient de nous placer en revendiquant notre unique héritage en tant que membre de la race humaine. Quel que soit la manière dont votre chemin se déroule, vous devez à tout prix écouter votre douce voix intérieure et honorer les signes que la vie vous offre.

La Persona

Chapter 4

Introduction
à la Persona

Par Murray Stein

C.G. Jung (1875-1961) était un psychiatre et psychanalyste suisse très connu et le fondateur de la Psychologie Analytique. Après s'être séparé de son professeur, Sigmund Freud, il créa sa propre et très différente théorie et publia de nombreux livres et articles expliquant sa vision. Ceux-ci ont été rassemblés et publiés dans *Les œuvres de C.G Jung,* en 18 volumes. Mon concept de *La Structure de l'âme* de Jung est une introduction à ses travaux et une carte des idées qu'il a avancées dans ses travaux.

J'ai commencé à étudier les idées de Jung à 24 ans et n'ai jamais arrêté. J'ai été très attiré par l'autobiographie de Jung, *Ma vie : Souvenirs, rêves et pensées*, et le suis toujours resté. Je trouve ses travaux aussi passionnants et inspirants que lorsque je les ai découverts en 1968. Je pratique en tant que psychanalyste jungien et utilise ses idées tous les jours avec mes clients et elles ne m'ont pas déçue. Jung était un génie de la psyché et sa vision de comment l'esprit humain est construit et fonctionne est brillante. De plus, elle est pratique et pensée pour aider les gens à vivre une vie plus entière, plus créative et plus authentique.

Dans les cultures traditionnelles, les jeunes reçoivent un certain rôle de persona et se voient demander de s'y adapter. Cela fait partie de l'initiation à la vie sociale. Une persona nécessite une adaptation aux images offertes par la famille et la société, et elle a tendance à ne pas changer tout au long d'une vie. Si vous êtes un prince ou un pauvre, vous restez dans cette persona. La persona vous place dans une catégorie sociale, homme ou femme, aristocrate ou plèbe, petit frère ou grande sœur. Aujourd'hui, cependant, la formation de la persona est souvent plus individualisée et donc plus difficile. Les personnes doivent créer une persona pour elles-mêmes, une persona qui pourra satisfaire leurs besoins et exprimer leur personnalité individuelle dans le moment présent. De plus, comme les besoins d'une personne change et que sa personnalité mûrit, la persona doit alors être modifiée en fonction. La gestion de la persona dans le monde moderne est une affaire bien plus exigeante et complexe qu'elle l'était dans le passé.

La persona est une sorte de masque. Elle cache des parties de vous que vous ne voulez pas montrer aux autres et exprime ce que vous sentez que vous êtes dans le moment présent. Les Persona sont créées par le choix d'un style de vie particulier, par les habits, par la coiffure et les accessoires comme des bijoux, des piercings ou des tatouages, par le maquillage et le parfum et par association avec des amis, un choix de profession, un fan club ou un parti politique. La persona inclut aussi les comportements et s'interprète elle-même dans des rôles qui disent qui nous sommes avec les autres. Elle ne dit pas cependant qui nous sommes lorsque nous sommes seuls et elle n'est en aucun cas tout ce qu'il y a en nous. La *Structure de l'âme* dessine un territoire bien plus grand et plus complexe.

T.S Eliot, l'un des poètes anglais les plus connus du 20ème siècle, écrivait que chaque chat a trois noms : le nom que tout le monde lui donne, le nom que seulement les amis intimes et la famille du chat connaissent et le nom que seul le chat connaît. Lorsque vous voyez un chat assis tout seul et regardant dans le lointain, que fait-il ? Il médite sur le nom que seul le chat connaît, le singulier, l'unique, le mystérieux nom secret qui reste caché de tous les autres.

En tant qu'humain, nous avons aussi trois noms : le nom que tout le monde connaît, qui est la persona publique ; le nom que seulement vos amis proches et votre famille connaissent, qui est votre persona privée ; et le nom que seul vous connaissez, qui fait référence à votre soi le plus profond. Beaucoup de gens connaissent le premier nom, quelques-unes connaissent le deuxième. Connaissez-vous votre nom secret, votre nom individuel, singulier et unique ? C'est un nom qui vous a été donné avant même que vous soyez nommé par votre famille et par votre société. Ce nom est celui que vous ne devez jamais perdre ni oublier. Le connaissez-vous ? Si non, comment pouvez-vous le découvrir ? Ce trésor peut être dur à trouver. C'est le but de l'individuation que de le trouver et se l'approprier, et ne plus le lâcher peu importe combien de fois votre persona pourra changer au cours de votre vie.

Chapitre 5

BTS, Jung et le vrai soi

Par Murray Stein

Tout dépend maintenant de l'homme.
(Jung, Réponse à Job, par.675)

J'ai pris connaissance de l'intérêt de BTS pour mon travail par un étudiant japonais à l'Ecole Internationale de Psychologie Analytique à Zürich. J'ai été surpris en bien de savoir que mon précédent livre, *Jung's Map of the Soul*, était recommandé sur le site de BTS. Plus tard, quand ce même étudiant m'apprit que le nouvel album de BTS s'appelait, *Map of the Soul : Persona*, je n'en revenais pas. Cela m'inspira à écrire ce livre dans lequel je pourrais présenter la plupart des idées avec lesquelles j'ai travaillé pendant des dizaines d'années. Il m'a fallu du temps pour me faire à cette idée. Je ne sais toujours pas ce que ce livre signifie mais je crois qu'il sera très utile pour introduire à d'autres les idées profondes que Jung nous a donné. Je suis particulièrement content que les idées de Jung deviennent plus populaires chez les jeunes. La possibilité que des jeunes personnes pourraient sérieusement explorer ces thèmes, faire attention à vivre de manière plus authentique, en s'aimant soi-même et par là créer un monde plus aimant, est réconfortante.

J'ai commencé à écouter et étudier les premières musiques de BTS. Ils me paraissent être un groupe de jeunes gens sérieux et réfléchis, dédiés à la noble cause de sensibiliser, en prévenant la persécution collective, en augmentant l'acceptation de soi, en combattant la peste du suicide qui touche tellement d'endroits dans le monde aujourd'hui, surtout chez les jeunes. Ils disent que la vie vaut la peine d'être vécue. Je les soutiens de tout mon cœur, et peut-être la *Structure de l'âme (Map of the Soul)* les aidera à soutenir ces dignes efforts.

BTS a un message. Beaucoup d'artiste de pop ont un message, mais c'est souvent plus un message de colère et d'outrage qu'un message de sensibilisation, d'identité, d'amour et de développement psychologique si positif. Le fandom ARMY semble être très dévoué et extrêmement respectueux.

J'avoue être ravi par la manière dont BTS a utilisé des livres variés comme, *Demian, Ceux qui s'éloignent d'Omelas* et *La Fabrique des Miracles* pour tisser des histoires complexes et pleines de symbolismes. La capacité de ce groupe à utiliser le travail créatif d'autres personnes pour inspirer leurs efforts créatifs musicaux est fascinante. Cela pourrait intéresser les ARMYs de savoir que le Dr. Jung était un homme qui sculptait, qui construisit une tour dans laquelle il se retira et écrit un livre nommé *Le livre rouge* dans lequel il mis d'étonnant dessins et calligraphies peintes à la main. Être capable d'être créatif et surtout de pouvoir créer dans des genres variés est souvent un signe de profondeur et de flexibilité psychologique.

Je ne sais pas si assister à des concerts de BTS pourrait m'aider à comprendre pourquoi leur message a eu autant d'influence. Je soupçonne BTS de communiquer avec leurs fans sur de multiples niveaux, certains d'entre eux pas réellement sensibles. Les symboles sont toujours plus que rationnels et ils engagent notre attention d'une manière que nous ne pouvons pas expliquer. Nous pouvons seulement réfléchir sur l'effet que ces symboles ont sur nous et essayer de comprendre comment ils nous touchent.

Jung est toujours pertinent aujourd'hui, peut-être même plus que jamais. La valeur des théories de

Jung n'a fait qu'augmenter avec le temps, ces théories ayant été testées et utilisées de nouvelles manières. Aujourd'hui, nous pouvons trouver des psychanalystes jungiens dans chaque continent habité, ainsi que des groupes d'études et programmes d'entraînement. En Corée par exemple, le professeur Rhi Bou-Yong a amené la formation qu'il a reçu à Zürich en Suisse, jusqu'à Séoul dans les années 60. Nous lui devons d'avoir introduit les idées de Jung à une audience coréenne en traduisant la plupart de ses travaux et en enseignant dans les universités à des nouvelles générations de psychanalystes.

Le mouvement jungien continue de grandir dans le monde et encore plus rapidement dans les endroits qui n'avaient pas encore été exposés aux idées de Jung avant la Guerre Froide en 1990. Des centaines de personnes ont contribué au domaine de la Psychologie Analytique depuis l'époque de Jung, et des publications jungiennes continuent toujours d'être publiées par des maisons d'édition dans de nombreuses langues. Je suis très heureux de dire que la psychologie jungienne a un grand futur qui l'attends dans ce siècle et plus loin encore[i].

> *"Lorsque quelqu'un devient un bon citoyen,*
> *un fils ou une fille fidèle, un membre dévoué*
> *d'une église, école et état, un employé fiable,*
> *un mari ou une femme, un père ou une mère,*
> *un professionnel moral, nous sommes con-*
> *vaincus de pouvoir faire confiance à une*

telle personne et la tenons donc en haute estime. Une telle personne parle clairement pour sa famille, communauté, nation et même pour toute l'humanité, mais pas pour elle-même. Si des individus qui ont adoptés des personae si fidèles et stables restent inconscient de leur vraie individualité, cette individualité reste indécouverte, et ils deviennent alors un simple porte-parole de l'attitude collective avec laquelle ils se sont identifiés. Même si cela pourrait servir les intérêts de quelqu'un jusqu'à un certain point, car tout le monde doit s'adapter à la société et la culture ; et car une persona bien construite est un clair avantage à la survie et au succès social, ce n'est pas le but de l'individuation. C'est seulement un stade de mise en place pour commencer le processus d'individuation.

Naturellement, nous pourrions être tentés de nous arrêter là, puisque créer une persona sans problèmes et qui fonctionne bien n'est pas si facile. Si d'un côté s'identifier aux éléments personnels qui composent la persona est une entrave à l'individuation, s'identifier aux figures archétypales de l'inconscient collectif en est une autre et peut-être même un obstacle bien plus dur (car subtil) à surmonter." [ii]

Mario Jacoby, un analyste jungien renommé écrivait, "Un ego fort comprends le monde extérieur au moyen d'une persona flexible ; s'identifier avec une persona spécifique (docteur, intellectuel, artiste, etc.) inhibe le développement psychologique."[iii]

Chapitre 6

La Persona
et l'identité

Par Leonard Cruz et Steven Buser

"Personne ne peut pendant très longtemps se
montrer un visage à lui-même et en présenter
un autre au reste du monde sans finir par s'y
perdre et se demander lequel des deux est le vrai."
(Nathaniel Hawthorne, *La lettre écarlate*)

Nous sommes des êtres sociaux. Notre parler
se développe au travers d'un échange réciproque
avec d'autres êtres humains, échange qui commence
par de simples murmures. La reconnaissance faciale
et la discrimination commencent très tôt, et le
masque de la persona que nous portons commence
sa fabrication lorsque nous sommes encore très
jeunes.

La capacité de reconnaître les visages est déjà là à la naissance.[iv] Plusieurs études ont montré qu'à déjà 3 mois, les nourrissons montraient des préférences pour des visage de leur propre race, à moins d'avoir été exposé à beaucoup de visages d'autres races. Cela suggère que le visage que nous présentons les uns aux autres et les réponses que notre visage évoque chez les autres, sont parmi les premiers aspects du développement psychologique.

Notre visage est l'un des éléments centraux auquel nous associons notre sens du "Je." Nous savons que des personnes qui subissent des greffes au visage doivent être préparés à une expérience profondément bouleversante lorsqu'elles ouvrent les yeux sur une vie à voir le visage de quelqu'un d'autre dans le miroir. Des expériences, avec la réalité virtuelle où une personne voit des images du point de vue d'un mannequin qui regarde le sujet, peuvent aussi être perturbantes. Ces choses soulignent peut-être à quel point notre sens du "je" est lié à notre visage.

Les évènements perturbateurs de la vie qui brisent le sens du "Je" confortable et familier, ouvrent souvent dans l'ego des fissures et des crevasses au travers desquelles la lumière de l'illumination inconsciente entre. L'ego essaiera de s'éloigner de ces évènements puisque ce qui surgit de l'inconscient est perçu par l'ego comme une menace de mort.

Des percées se produisent néanmoins. Nous sommes confrontés occasionnellement à la perception que les autres ont de nous ; mais normalement la psyché est particulièrement adepte à garder les yeux fermés. La structure de l'âme/psyché de Jung nous offre de précieuses connaissances à propos du comment de cet aveuglement. Il résulte, en grande partie, du rejet par l'ego d'un savoir conscient des choses qu'il trouve inacceptables. Les influences formatrices du début de l'enfance, la famille d'origine et la culture contribuent à ce qui est rendu inacceptable. Lorsqu'arrivent des évènements qui nous forcent à estimer qui nous sommes « vraiment » et non qui nous croyons être ou qui nous voudrions être, l'inconscient peut s'infiltrer. Dans la même mesure que nous recherchons du contenu inconscient et trouvons des moyens d'accueillir et d'intégrer ce contenu dans notre vie consciente, nous devenons des êtres humains plus complets. Mais dans la même mesure que nous nous dévouons à nous rejeter, nous ignorer et nous insensibiliser au contenu de l'inconscient qui cherche la lumière du savoir, l'inconscient trouvera alors d'autres moyens d'expressions.

Jung disait, "Jusqu'à ce que vous rendiez l'inconscient conscient, il dirigera votre vie et vous l'appellerez destin."

Trop souvent les gens reconnaissent après coup qu'ils ont inconsciemment écrit les moments tragiques de leur vie. Cela résulte en partie de notre incapacité à contempler notre propre état objectivement et avec précision, particulièrement les aspects de notre état qui sont plongés dans l'inconscient. L'ego ne peux pas se contempler complètement.

Jung était pleinement conscient que notre connaissance de la conscience est limitée. Nous devons accepter que nous ne pouvons pas être véritablement objectifs sur notre propre conscience. Jung disait souvent qu'il manquait à la psychologie un point archimédien duquel on pourrait observer la psyché. Le point archimédien est un point de vue hypothétique duquel un observateur peut observer et percevoir quelque chose avec une objectivité parfaite.

La physique moderne nous a montré que l'acte d'observer change le champ qui est observé. Nous savons que l'observateur et l'observé ne peuvent être séparés.

Vers la fin de sa carrière, Jung se lia d'amitié avec le physicien Wolfgang Pauli. Cela contribua peut-être à la considération de Jung pour l'impossibilité fondamentale d'un point archimédien de référence complètement objectif lorsqu'il s'agit de la conscience qui s'examine elle-même. Tout comme le physicien dont l'observation altère le terrain qui est observé, lorsque nous mettons notre attention consciente sur notre propre psyché, l'objectivité est alors perdue.

Nous sommes limités par nos partis pris. Nous nous regardons nous-mêmes mais pas d'une perspective extérieure. Des extra-terrestres pourraient peut-être nous en dire plus sur notre psyché, parce qu'ils auraient justement un point de comparaison extérieure.

Chapitre 7

Love Yourself, Know Your Name, Speak Yourself

Par Leonard Cruz et Steven Buser

Le processus d'individuation implique de communiquer et de lier une amitié avec les figures intérieures qui apparaissent. L'usage de l'imagination active (dans laquelle un dialogue délibéré a lieu avec les figures intérieures), la peinture et d'autres arts créatifs, la thérapie du bac à sable et la rédaction d'un journal sont parmi les outils qui aident à porter l'inconscient vers le conscient.

Révéler son vrai soi peut être ressenti comme extrêmement dangereux. Il y a un risque d'être rejeté et ostracisé. Chaque compromis fait pour s'adapter à la société représente un risque de trahison du soi authentique. Le masque que quelqu'un porte se crée avec chaque ajustements accomplis. Quelqu'un qui s'identifie trop au masque qu'il ou elle porte se distanciera des aspects authentiques de la psyché. Chanceuse est alors la personne dont la persona commence à se désintégrer.

Si vous vous identifiez fortement à une persona, au bout d'un moment vous ressentirez seulement ce que la persona ressent. Cela vous donnera la force, dans certaines situations, d'ignorer des émotions distrayantes ou des attaques, mais cela peut aussi vous empêcher de penser de manière originale. La persona restreint la réflexion et les sentiments, surtout si le masque est trop serré sur le visage de l'acteur. Ils peuvent être de bons acteurs en particulier dans ce rôle, mais ils seront plus en phase lorsque la situation changera et que le masque ne sera alors plus assorti au décor.

Lorsque la persona commence à se désintégrer, le processus d'individuation est accéléré. La persona est un élément psychique nécessaire et sa désintégration sera probablement ressentie comme menaçante. Nous devons nous rappeler que cacher notre vraie nature derrière un masque – la persona – a des effets insidieux et malveillants. La désintégration de la persona sert de catalyseur au processus d'individuation.

Rappelez-vous que tout ce qui apparaît dans la vie psychique est considéré comme faisant partie du soi entier. Pour vraiment vous aimer vous-mêmes,

vous devez aimer TOUT votre soi. Si vous aimez
seulement votre ego vous passez à côté de l'extra-
ordinaire totalité de qui vous êtes. Cela vous rendra
aussi moins capable d'aimer le monde. Les parties de
votre soi que vous n'arrivez pas à aimer, ou pire
encore, les parties que vous méprisez, peuvent être
projetées sur les autres. À l'extrême, cela peut provoquer une haine envers le monde et les autres. Peu
de gens qui agissent avec violence et malveillance se
perçoivent eux-mêmes justement. La phrase, *haters
gonna hate*, une phrase rendue populaire par Taylor
Swift dans sa chanson *Shake it off* me vient à l'esprit.

Comme RM de BTS dit dans son discours aux
Nations-Unies, "Aimez-vous vous-mêmes, aimez le
monde, connaissez votre nom."

"Faisons donc tous un pas de plus. Nous
avons appris à nous aimer nous-mêmes,
maintenant je vous encourage à parler
vous-même. Je voudrais tous vous demander. Quel est votre nom ? Qu'est-ce qui
vous enthousiasme et fait battre votre
cœur ?"
"Racontez-moi votre histoire. Je veux
entendre votre voix et je veux entendre
votre conviction. Peu importe qui vous
êtes, d'où vous venez, la couleur de votre
peau, votre identité sexuelle : parlez vous-
même. Trouvez votre nom, trouvez votre
voix en parlant vous-même."

"Je suis Kim Namjoon, RM de BTS. Je suis
une idol de hip-hop et un artiste venant
d'une petite ville en Corée."

Je veux revenir aux idées que le Dr. Stein a
avancées en faisant référence au poème de T.S. Eliot
"Comment appeler son chat." Notre prénom, celui par
lequel nous sommes connus, est profondément incrusté. C'est un nom auquel nous nous faisons et il
nous est, pour la plupart, imposé. Progressivement,
nous lions "je" à notre prénom. Même si nous pouvons
changer et changeons notre prénom, cela n'est pas
vraiment courant. Même si un changement de nom
libère une personne de son prénom, le sens du "je"
d'une telle personne pourrait ne pas beaucoup changer,
et d'autres personnes continuerons à connaître cette
personne par son premier prénom. Par exemple, à 23
ans j'ai rencontré ma femme qui a commencé à
m'appeler Len et cela remplaça mon prénom Léonard
ou mon surnom Lenny, sauf pour ceux qui m'ont
connu avant que je rencontre ma femme.

Il y un nom que seuls nos intimes connaissent.
C'est souvent un surnom ou un nom affectueux
comme ma chérie ou mon chou. Même un nom
donné par quelqu'un qui vous persécute est un nom
qui demande un certain degré d'intimité. Si un
collègue nous appelait par le nom intime que notre
époux/se utilise, nous serions surpris et consterné.
Cela montre donc que notre deuxième nom est

réservé à un petit groupe d'individus, le cercle intime de nos connaissances. Avec le temps, nous nous faisons aussi à notre deuxième nom. La première fois que votre copine vous appelle "Mon chéri" aura un effet différent de quand elle utilisera le même nom après des dizaines d'années de mariage au cours desquelles vous avez partagé des joies et des malheurs.

Enfin, il y a le nom que seul nous connaissons. Il est un reflet de notre soi le plus privé. Ce nom privé est souvent prononcé dans les régions de la liminalité, entre les royaumes. Celui qui est appelé par ce prénom est appelé par des voix, des figures éphémères et des moments synchroniques qui nous appellent des profondeurs.

Lorsque nous sommes en contact avec le royaume mystique, même les objets inanimés nous semblent parler avec une voix universelle. Pour certaines personnes, l'esprit des profondeurs parle au travers des pierres, des arbres, d'un livre, d'une chanson. J'aime les livres et j'ai souvent l'impression qu'un livre me parle. Ma fille est une grimpeuse avide et je pense parfois qu'une pierre lui parle doucement.

RM de BTS exhorte ces fans : "Connaissez votre nom." C'est le défi de chacun d'entre nous. Le nom le plus profond est celui que seul nous connaissons et que parfois nous avons de la peine à récupérer malgré nos efforts. Une si grande partie de qui nous sommes reste inconsciente, et cela nécessite un travail rigoureux de toute une vie pour le découvrir et l'intégrer dans la conscience.

Chez les juifs orthodoxes, il est très important de ne jamais écrire ou prononcer le vrai nom de Dieu. YHWH est utilisé au lieu de YAHWEH, en signe de profond respect et de reconnaissance, si bien qu'utiliser le nom de Dieu en reviendrai à diminuer Dieu. Augustin d'Hippone disait, "Si vous comprenez, alors ce n'est pas Dieu." Il existe aussi un principe alchimique qui est souvent exprimé comme "Ce qui est en haut est comme ce qui est en bas." Cela insiste sur le fait que le monde comme nous le connaissons pense et résonne avec un royaume plus élevé dans lequel Dieu ou les dieux existent. Notre troisième nom est peut-être similaire à l'ineffabilité de YHWH.

Pour atteindre l'endroit où se trouve notre vrai nom, nous devons nous débarrasser des effets de notre éducation. Nous devons relâcher la peur et la prudence qui naissent de douleurs et blessures répétées. Nous devons rejeter la honte associée à nos erreurs. Nous devons surtout reconnaître et nous libérer des contraintes culturelles. Ceux qui accomplissent cette dernière tâche seront mieux préparés à honorer notre humanité partagée. Si vous espérez vivre authentiquement vous devrez partir à la recherche de votre nom le plus vrai et le plus profond.

L'Ombre

l'Ombre

Chapitre 8

Introduction
à l'ombre

Par Murray Stein

Dans le monde physique, le mot "ombre" est défini comme l'absence de lumière derrière un objet qui fait face à une source de lumière comme le soleil. En psychologie ce mot a une signification différente. Si la persona est une partie de votre personnalité qui est révélée à ceux qui vous entourent, l'ombre est une partie de votre personnalité qui leur est cachée et qui vous est même cachée. C'est une erreur cependant de penser que l'ombre "psychique" n'est rien d'autre que l'absence de la lumière de la conscience dans une certaine partie de votre âme. Elle est bien plus que ça. Elle est substantielle et active.

En psychologie, l'ombre est un terme qui fait référence à des intentions et attitudes cachées. Les intentions de l'ombre ont une énergie et un but propre qui sont d'ordinaire très différents des intentions conformistes et adaptées de la persona. Les intentions sont guidées par des attitudes inconscientes qui sont des constellations psychologiques comme des préférences et des préjugés. Le côté de l'ombre de la personnalité peut être aussi dramatiquement différent de la personnalité habituellement manifestée que dans le roman *L'Etrange cas du Dr Jekyll et de Mr Hyde* par Robert Louis Stevenson. Ce roman dépeint un dédoublement de la personnalité, l'une étant aimable et adaptée, l'autre étant criminelle et psychopathe. C'est un portrait du bien et du mal logés dans une seule personne et actifs alternativement dans le monde. Dans ce cas-là, l'ombre est aussi puissante que la persona.

L'ombre est complexe car elle n'est pas seulement faite d'une intention mais d'une collection d'intentions qui servent un état d'esprit sous-jacent. Normalement ces intentions sont celles que l'on cache aux autres, elles sont aisément cachées et ignorées. Ce sont des intentions comme l'envie, l'avarice et l'égoïsme. Elles travaillent par insinuation subtile et manipulation, cherchant à détruire et ébranler les autres pour se prétendre supérieures. Souvent, elles sont bien cachées car la persona brille de sa grande lumière sur le visage des autres qui observent la personne et reçoivent le traitement. Elles sont souvent si bien dissimulées et déguisées que même la personne qui a ces intentions ne réalise pas complètement lorsqu'elles sont actives. Elles sont parfois cachées sous nos yeux puisque la persona est si puissante et distrayante que les gens ne voient pas ce qui se passe devant eux. Nous ne voulons pas dévoiler de telles intentions et nous concentrer sur elles, parce que lorsqu'elles sont révélées, elles sont causes d'embarras et de honte. La honte est la réaction émotionnelle typique d'une personne mise par les autres face aux agissements ou souhaits de son ombre, à moins qu'elle soit un sociopathe ou psychopathe, alors elle essaiera de les dissimuler à nouveau.

L'ombre repose à la limite de la conscience, juste au, ou au-delà, du bout de la conscience et est plus ou moins difficilement visible mis à part pour un œil expérimenté. Pour attraper l'ombre au travail, nous devons nous entraîner à regarder la périphérie de notre conscience et à observer nos pensées et intentions cachées. Cela n'est pas facile à faire et nous avons une aversion naturelle à situer l'ombre dans nous-mêmes. De plus, le bout de la conscience se perd dans l'obscurité de l'inconscient profond, et plus loin l'ombre se situe dans ce territoire, plus dur elle est à voir. C'est comme essayer de voir un objet noir sur un fond noir. Il est presque invisible.

Trouver l'ombre est quelque chose que nous aimons faire aux autres. On appelle cela commérer. Lorsque nous montrons du doigt les défauts des autres et disons à d'autres gens à quel point ils sont horribles, nous trouvons l'ombre. Nous pouvons être en train de voir ce qui est vraiment là ou notre propre ombre désavouée qui est inconsciemment projetée sur une autre personne. Lorsque nous disons qu'ils sont "méchants" ou "avides," nous sommes peut-être en train de projeter nos propres défauts. Il est tout à fait naturel de projeter les traits et intentions de notre ombre inconsciente sur les autres. Trouver l'ombre chez les autres est une affaire délicate et nous devrions faire attention lorsque nous jouons à ce jeu. Nous pourrions révéler des aspects de notre propre ombre.

Une de mes connaissances japonaises m'a récemment raconté cette histoire qui dépeint clairement la dynamique de projection de l'ombre. Lorsqu'elle était adolescente, elle passa une année à étudier dans un lycée américain comme étudiante d'échange. En l'occurrence et sans grande surprise elle était la seule japonaise de l'école. Le corps étudiant était divisé en deux groupes distincts en fonction de la race et il y avait souvent des tensions entre les groupes, comme c'est souvent le cas dans ce genre de situation. Les étudiants moins privilégiés socialement se sentaient mal traités par les plus privilégiés, et il y avait donc régulièrement une projection mutuelle de l'ombre entre eux. Malheureusement, l'année pendant laquelle l'étudiante japonaise était dans cette école, était aussi une année anniversaire importante de l'attaque surprise de Pearl Harbor par les japonais, qui causa l'entrée des Etats-Unis dans la deuxième guerre mondiale. Tout le corps étudiant était donc sensibilisé aux "méchants japonais" qui avaient attaqués les "innocents américains." Cela créa un lien entre les deux groupes et entre tous les américains parce qu'ils pouvaient tous s'identifier aux victimes de cet horrible attaque surprise. Ce qui rendait ce lien encore plus fort était qu'ils pouvaient ensemble se tourner contre l'étudiante japonaise comme contre l'une des mauvaises et violentes personnes qui avaient attaqué leur pays. L'étudiante japonaise ressentit donc cet énergie hostile et agressive dirigée contre elle, particulièrement venant des jeunes garçons du groupe moins privilégié qui l'insultaient dans les couloirs et la harcelaient lorsqu'elle rentrait chez elle après les cours. Vous pouvez donc voir ici comment la partie de l'ombre dans la psyché – agression et racisme – était dirigée contre une jeune et innocente japonaise. Elle était devenue ce qu'on appelle le bouc émissaire. C'est-à-dire une personne qui reçoit les projections de l'ombre de tout un groupe de gens et qui est habituellement tellement persécutée qu'elle doit quitter le groupe.

Toutefois dans ce cas-là, le bouc émissaire a été sauvé par une conseillère en orientation empathique qui lui a expliqué ce qui se passait. L'intervention de la conseillère ne fut pas en vain puisqu'elle utilisa sa propre expérience pour expliquer la psychologie de projection de l'ombre. Elle venait du même groupe racial sous-privilégié que ces garçons étudiants, et elle raconta donc à la jeune fille japonaise qu'elle avait grandi dans une communauté rurale où elle devait supporter les railleries et harcèlements quotidiens des autres étudiants de son école à cause de la différence raciale. L'étudiante japonaise senti alors qu'elle avait trouvé une amie en cette conseillère, une amie qui comprenait sa douloureuse situation. Le résultat de cet aperçu de la psychologie de la projection de l'ombre fut que l'étudiante japonaise décida d'étudier la psychologie et, quand elle rentra au Japon et commença l'université, ce fut la branche qu'elle choisit. Aujourd'hui elle est psychologue dans une école et professeure de psychologie clinique dans une université japonaise. Avoir vécu le fait de recevoir la projection de l'ombre et de comprendre comment cela fonctionne l'amena sur un chemin de vie complètement nouveau et lourd de sens. C'est ce que nous appelons parfois, faire de la limonade avec les citrons que la vie nous donne. Certaines de nos expériences de vie les plus importantes et significatives viennent de moments douloureux et remplis par l'ombre comme celui-ci.

Devenir conscient de notre propre ombre n'est habituellement pas une agréable expérience, mais c'est par là que nous atteindrons les endroits les plus profonds de la psyché et donc les endroits essentiels à notre complétude. Si nous n'intégrons pas l'ombre dans notre foyer conscient, il nous manquera quelque chose d'essentiel. L'intégration de l'ombre est aussi la clé pour devenir responsable de nos actions et constitue donc une contribution importante à la communauté et au monde. Jung écrivait : "On ne devient pas éclairé en imaginant des figures de lumière, mais en rendant l'obscurité consciente."

Le même principe s'applique aux nations. Les nations ont aussi leurs ombres sous la forme de préférences culturelles et d'égoïsme nationaliste. Ce sont les secrets inavouables dans l'histoire d'une nation. Les agissements de l'ombre des nations sont extrêmes et leurs effets handicapants sont laissés pour les générations suivantes. Seulement s'ils sont admis et rendus conscients, la nation pourra alors retrouver son identité complète et avancer dans son évolution culturelle. Les nations doivent prendre leurs responsabilités si elles veulent continuer à grandir et mûrir, de la même manière que des individus le doivent. Le travail de l'ombre est nécessaire sur beaucoup de niveaux. L'Allemagne, par exemple, a dû revenir sur ses actions durant la période nazie de son histoire, comme les Etats-Unis doivent revenir sur leurs interventions dans de multiples parties du monde pour satisfaire leurs égoïstes intérêts politiques et économiques. Les nations du monde entier doivent plonger dans ces eaux sombres de l'histoire et de la politique si elles veulent que leurs citoyens soient libérés des conséquences des agissements de l'ombre. L'ancienne notion de "karma" témoigne de cette idée. Aujourd'hui nous parlons de "transmission transgénérationnelle des traumatismes" (TTT), et nous pouvons aussi parler de "transmission trans-générationnelle des responsabilités" (TTR), qui peut être appelée karma social.

Les chapitres de ce petit livre sont pensés pour aider le lecteur à devenir plus conscient des nombreuses manifestations de l'ombre de la psyché, individuellement et collectivement. Devenir con-scient de l'ombre et prendre la responsabilité de ses manifestations ouvre le chemin au prochain niveau du développement psychologique qui concerne la création d'un lien avec l'anima ou animus, un lien vers le centre du soi. Notre discussion de ce niveau sera gardée pour un prochain volume de cette série sur *La structure de l'âme*.

Chapitre 9

L'ombre

Par Murray Stein

Explorations de l'ombre

Jung a imaginé ce terme "ombre" - il lui est dû et est une image pensée pour faire référence aux parties de la personnalité dont ne nous ne sommes pas conscients, qui sont derrière nous pour ainsi dire. L'ombre existe à la frontière de la conscience et est difficile à repérer directement. Nous pourrions aussi voir l'ombre comme une somme de motivations, pensées, sentiments et comportements dont personne ne serait fier ou pour lesquels on ne voudrait pas être responsable. C'est la partie de la personnalité que normalement personne ne veut ou peut admettre.

L'ombre est surtout formée par le sens subjectif d'une personne du monde social qui l'entoure.

L'amour propre de quelqu'un dépends fortement de ce que les autres pensent d'eux. Les cultures, grandes ou petites, les familles jusqu'aux larges réseaux sociaux, jugent certaines qualités comme bonnes et admirables comme l'héroïsme ou l'altruisme, alors que d'autres, comme la lâcheté et l'égoïsme, sont jugées mauvaises. Même si tout le monde a un côté lâche et égoïste, ces traits seront cachés même s'ils font partie de nous. D'autres traits qui ne sont pas en soit mauvais d'un point de vue moral pourraient aussi être placés dans l'ombre. Par exemple, certaines personnes sont naturellement sociables, ou en termes jungiens extroverties, mais si elles vivent dans une culture qui n'apprécie pas les personnes trop sociables, trop amicales ou démonstratives, elles devront alors atténuer ces traits de leur personnalité et réprimer les plus forts aspects de cette tendance. Nous essayons de couper ou d'éloigner ces motivations et comportements qui ne sont pas socialement acceptables, qui n'ont pas de place dans la persona. Ce qui peut être une partie naturelle d'une personne peut être découragé et associé à des sentiments de honte et de désapprobation sociale. Nous reconnaissons que ce processus de création de l'ombre est une réponse au monde social qui nous entoure.

Il est naturel de se conformer au monde social qui nous entoure parce qu'il est naturel pour nous de vouloir être respectés et estimés. Supposons que vous grandissiez dans une famille de criminels où un comportement criminel est apprécié par votre famille mais pas dans un cercle culturel plus large. Dans le contexte familial, votre comportement criminel sera respecté et estimé, mais vous ne voudrez pas le montrer en dehors, ou alors vous serez puni et emprisonné. Ce qui est acceptable dans un certain contexte social peut ne pas l'être dans un autre et donc la persona change en fonction. Nous avons plus qu'un masque à utiliser pour être accepté et s'adapter. L'ombre d'une personne élevée dans un environnement criminel pourrait posséder des traits vus comme nobles et socialement acceptables mais dans sa famille de criminels ces traits seront perçus comme négatifs. D'un autre côté, des actions qui pourraient être désapprouvées dans une société plus large, pourraient être estimées dans un plus petit cercle criminel. Dans une famille de criminels, ce qui est normalement rejeté par la société pourrait être requis, respecté et bénéfique. La configuration de l'ombre dépend donc vraiment de ce à quoi l'individu se conforme.

Il est important pour nous de percevoir notre ombre. C.G. Jung disait, "Nous devons chercher à plus comprendre la nature humaine car le seul vrai danger est l'homme lui-même." Nous avons tendance à agir selon les impulsions de notre ombre et à nous justifier sans reconnaître ces impulsions pour ce qu'elles sont vraiment. Par exemple, si un pays se sent menacé par un autre pays, il pourrait "se défendre" en lançant une attaque anticipée sur l'autre pays. Même si alors le pays agresseur se sent justifié et que dans l'opinion nationale ce premier coup peut sembler défendable, d'un autre point de vue cette attaque pourrait être perçue différemment. Cela est certainement dû à la projection de l'ombre sur le pays "ennemi." L'attaque contre l'ombre projetée pourrait avoir des résultats catastrophiques et même causer une guerre nucléaire. C'est ce que Jung craignait. Ce que l'on veut dire est donc qu'il est facile pour nous de justifier, expliquer ou défendre les comportements impulsifs de notre ombre au sein d'un certain ensemble d'attentes conventionnelles et égoïstes. À plus grande échelle, nous pouvons voir que ces actions et réactions sont très dangereuses et destructives.

Ce type de comportement arrive tout le temps au niveau interpersonnel. Nous agissons en fonction des impulsions de notre ombre et si quelqu'un remet en cause ce comportement, nous nous en défendons vigoureusement car nous sommes assurés des raisons de ce comportement. Cependant, si nous nous mettons à la place de l'autre personne et nous regardons nous-même, nous pourrions voir que nous réagissons de manière excessive à cause des projections de l'ombre et que nous utilisons la situation comme une occasion de violence, d'agression ou d'opportunisme. Le but premier de devenir conscient de l'ombre est de sortir de soi-même et de se regarder d'un autre point de vue et donc plus objectivement.

L'ombre révélée par la psychothérapie

Nous ne pouvons généralement pas voir notre propre ombre même si nous l'incarnons continuellement dans nos vies. De temps à autres, nous pouvons sortir de notre perspective auto-justifiée pour observer ce que nous faisons vraiment de manière inconsciente. Nous ne pouvons pas voir notre ombre mais les autres peuvent la voir. Si vous vous tenez en pleine lumière et face au soleil, vous ne pouvez pas voir que vous avez une ombre et encore moins à quoi elle ressemble. Il n'y a rien qui ressemble à une ombre devant vous, mais si vous tournez la tête et regarder derrière vous, ou si quelqu'un prend une photo de vous, alors vous verrez l'ombre qui se cache derrière vous. Pensez à l'ombre comme votre deuxième personnalité. D'un côté vous apparaissez pour vous-même comme conscient, clair, éclairé et parfaitement justifié dans tout ce que vous faites. Il y a cependant un autre personnage en vous qui a d'autres motivations et arrière-pensées, et celles-ci sont exécutées en même temps. Ce personnage est l'ombre et nous sommes ces deux personnages. Ils sont tous deux logés dans le même corps.

Nous pouvons parfois sortir de nous-même et apercevoir un bout de notre ombre. Cela arrive souvent lors de thérapies. Quelqu'un décrit un évènement qui est arrivé récemment et dit qu'il/elle s'est disputé avec son mari ou sa femme. Cette personne décrit la situation et, pendant que le thérapeute écoute, elle commencera peut-être à se voir au travers des yeux du thérapeute qui est une tierce personne, un témoin. Elle se surprendra. Elle s'entends d'une position tierce. Le thérapeute ne dit peut-être rien ou pose seulement une question, et tout à coup la personne commencera à réfléchir. "Oh, oui. J'avais peut-être en tête d'autres arrière-pensées. J'ai peut-être été inutilement sur la défensive et agressif. J'ai peut-être pris ma revanche pour quelque chose qu'il a dit hier ou fait l'année passée." Cela peut devenir une réalisation boule-versante. Ce qui est dit à une autre personne en psychothérapie est renvoyé en écho et l'autre personne se transforme donc en miroir. Vous pouvez voir dans un miroir des choses que vous ne pouvez pas voir lorsque vous regardez droit devant vous. Dans un miroir vous vous voyez vous-même. C'est pour cela que la thérapie peut être si efficace ; on nous permet de parler et le thérapeute reflète discrètement ce qui est dit. On s'entends donc d'une autre manière. Cela peut aussi arriver lorsque quelqu'un vous filme et que vous regardez la vidéo plus tard.

J'ai eu cette expérience quelques années plus tôt. J'étais sur une émission et la discussion était filmée. J'ai regardé la vidéo plus tard et me suis vu d'une manière que je n'avais jamais connue avant. J'ai interrogé ma femme à ce propos et elle a confirmé ce que j'avais vu. Ce fut une révélation. Je voyais dans cette vidéo des choses que des gens avait dit à mon propos mais que je n'avais pas pris au sérieux. Au plus je m'étais demandé pourquoi ces choses était dites à mon propos. Beaucoup de gens n'aiment pas se voir en vidéo ; ils n'aiment pas voir ce que la vidéo révèle. Pourquoi cela ? C'est parce qu'en regardant la vidéo, vous vous voyez de manière plus objective. Vous pouvez avoir une idée de vous-même, de la personne que vous êtes, de quelles sont vos qualités et comment vous apparaissez aux autres. Vous voir en vidéo peut perturber cette idée. C'est la différence entre l'opinion de soi subjective et objective. Sur la vidéo vous vous voyez comme un objet et non un sujet. Lorsque vous vous voyez comme un objet, vous voyez les défauts et autres traits que d'ordinaire vous ne voyez pas ou niez. Cela est semblable à se regarder dans le miroir et voir les défauts de votre peau et les rides et vous pensez, "Oh mon Dieu ! Je vais devoir faire quelque chose contre ces défauts. J'ai besoin de prendre soin de moi." C'est ce qu'est la thérapie. C'est venir dans un endroit où vous pouvez vous voir de manière plus objective et faire des changements en fonction de votre nouvelle conscience.

La projection de l'ombre

Nous savons que ce qui est inconscient pour quelqu'un est projeté sur des objets extérieurs ou sur d'autres personnes. Cela veut dire qu'une personne vit ces qualités inconscientes, ces traits de sa per-sonnalité, non comme une part d'elle-même mais comme des qualités dans quelqu'un d'autre. Il est souvent difficile de faire la différence entre perception et projection. Ce que vous percevez dans une autre personne, comme votre ami, partenaire, votre associé, votre patron ou votre étudiant, est-ce en partie vraiment en eux, et ce que vous ajoutez à cela, est-ce quelque chose qui vous appartient mais que vous avez renié ou désavoué ? C'est une question qui vaut la peine d'être posée même si l'on ne peut pas y répondre de manière définitive.

Une façon d'apercevoir notre ombre est d'observer les personnes que nous n'aimons vraiment pas. Observez les traits désagréables que vous voyez en eux et demandez-vous ensuite, "Où sont ces traits en moi ?" Imaginez que vous avez du succès et que vous travaillez dur et que vous avez mérité votre position ; vous n'aimez vraiment pas les personnes passives, paresseuses et toujours à la recherche de subventions. Vous pourriez réaliser que vous avez une réaction émotionnelle forte vis-à-vis de ces personnes et pas d'empathie. "Pourquoi ne sont-ils pas plus comme moi ?" vous demandez-vous. "J'ai dû travailler dur pour avoir ce que j'ai, etc." Nous avons tous connus des histoires comme celle-ci dans nos familles et dans la société en général. Pour saisir l'ombre vous devriez vous demander, "Où est-ce que je suis comme ça ? Quand est-ce que je pense comme ça ?" ou peut-être, "Est-ce que je les envie ?" Cela peut vous lier à l'ombre car l'ombre est quelque chose de très différent de vous puisque vous vous connaissez consciemment. L'ombre est votre vie non-vécue. Lorsque nous projetons l'ombre sur quelqu'un, nous nous plaçons au-dessus d'eux et les dédaignons comme "autre." Nous ne nous sentons pas liés à eux. Nous les jugeons sévèrement. C'est aussi un reflet de comment nous nous jugeons. Nous condamnons notre paresse et ne nous laissons pas prendre de vraies vacances tout en critiquant ceux qui semblent être toujours en vacances.

L'envie fait partie de l'ombre de presque tout le monde. La plupart des gens nient fortement être envieux parce que l'envie est quelque chose que peu de personne souhaitent ou peuvent admettre. Au sein de l'ombre vous avez d'autres sentiments forts qui ne sont pas particulièrement positifs ou acceptés. Nous pouvons en effet devenir très ardents dans nos réactions face aux figures de l'ombre.

Il y a certains personnages dans l'Histoire, ou certaine personne de notre époque sur qui il est facile de projeter nos ombres parce qu'ils ont, objectivement, des traits qui sont de bons appâts pour attraper la projection de l'ombre. Des dirigeants politiques attireront souvent les projections de l'ombre la plus sombre. Aujourd'hui aux Etats-Unis, le président Donald Trump attire beaucoup de ces projections. Cela ne veut pas dire qu'il ne possède pas les défauts qui sont projetés sur lui. Rappelez-vous que l'on peut s'opposer aux choses qu'il fait mais lorsque l'on devient trop passionné à son propos et exagérons des traits répréhensibles, nous ne prenons plus en compte une image plus complète et plus complexe. Quelqu'un comme l'actuel président représente l'ombre collective d'une nation qui est elle-même en train d'essayer de cacher les qualités et défauts que le président révèle si ouvertement et visiblement. L'image plus complexe est que la nation a une ombre. Le président la révèle. Lorsque nous sommes révulsés par lui, nous faisons face à l'ombre de la nation et cela est choquant. D'autres pays peuvent aussi nous en dire beaucoup sur l'ombre de l'Amérique dans le monde, et cela serait cohérent avec ce que nous voyons chez le président.

Parlons du racisme. Donald Trump est souvent qualifié de raciste, ce qu'il est peut-être bien. L'Amérique est connue pour avoir caché son héritage et des preuves permanentes de racisme. Lorsque quelqu'un apparaît et attrape cette projection, il reçoit la projection d'une ombre collective. Beaucoup de gens participent à ce phénomène social mais ne veulent pas l'admettre. Si donc je suis un raciste inconscient, j'adorerais trouver quelqu'un qui soit un raciste explicite pour que je puisse lui mettre une étiquette, l'attaquer ou le critiquer. Cela me permet d'éviter plus facilement une confrontation avec mon propre racisme. Je me sens moi-même pur et projette tout le mal sur cette personne. C'est une projection classique de l'ombre. L'objet portant la projection est un bouc émissaire.

Je ne crois pas qu'il existe quelqu'un qui ne soit pas raciste dans une certaine mesure. Si vous pensez que vous n'êtes pas du tout raciste, vous êtes très inconscient. Vous pouvez ne pas être un raciste au sens fort du mot, vous ne voulez pas commettre de violence mais vous avez des réactions racistes. Tout le monde en a. Celui ou celle qui peut faire face à son ombre et dire, "Oui, j'ai aussi des réactions racistes," a bien plus de chance d'empêcher son comportement raciste que la personne qui le nie. Celui ou celle qui le nie, se comporte de manière raciste inconsciemment. Celui ou celle qui l'admets et le prends en compte pourra essayer de le compenser inconsciemment, ou au moins essayer de ne pas le laisser interférer avec ses activités et décisions conscientes.

L'Ombre et le Mal

Dans les couches les plus profondes de l'ombre repose ce que Jung appelle *mal absolu*. Dans un chapitre de son livre *Aïon*, où il parle de l'ombre, il insinue qu'il est plutôt facile de devenir conscient de son ombre personnelle, ce qui est probablement exagéré, mais il continue et dit que seule une personne spéciale peut regarder dans les yeux du mal absolu. Il est tellement horrible.

Qu'est-ce que le mal absolu ? Il est froid. Il est brutal. Il est un ego qui est complètement centré sur lui-même. Il est dans le noyau de la personnalité égoïste et égotique que nous avons tous. Il est le "je" en nous qui veut ce qu'il veut, quand il veut, peu importe à quel prix. Il est l'essence de la partie obscure de la personnalité. Nous ne voulons pas voir cette partie de nous-mêmes. Elle nous choque. Nous ne voulons pas nous l'admettre, et encore moins l'admettre aux autres. Nous frissonnons lorsque nous rencontrons quelqu'un qui l'exemplifie, comme cela arrive parfois dans les films. Le personnage qui incarne le mal absolu et à la fois fascinant et terrifiant pour nous.

La conscience

La conscience est un sujet compliqué. Elle est nos valeurs inculquées par nos parents et notre culture. Cela a à voir avec rester propre, être gentil avec les autres et respecter la propriété des autres. Les 10 commandements et autres codes religieux participent au contenu de ce niveau de la conscience. Nous apprenons toutes ces choses et elles deviennent une partie de ce que nous appelons le "superego" vigilant. Notre conscience fonctionne comme un juge intérieur ou un policier qui essaie de nous empêcher d'exécuter les impulsions qui briseraient ces règles. Cela fait partie de la conscience. Cela consiste en des règles de famille ou de culture que nous avons absorbées et intégrées en nous-mêmes comme moniteur moral intérieur. La conscience surveille les impulsions et les comportements de l'ombre.

Cela est cependant un niveau plutôt superficiel de conscience. C'est quelque chose que les enfants développent très tôt. Leur bonne conduite est basée sur la peur d'être puni pour avoir brisé les règles ; par peur les enfants deviennent de bons petits garçons ou de bonnes petites filles et se conforment aux conventions de la société dans laquelle ils grandissent. Il y a cependant une sorte plus profonde de conscience qui est ce que nous pouvons appeler un sens inné de justice et d'équité. C'est comme si nous avions un bon ange sur une épaule et un mauvais sur l'autre. Le mauvais ange veut que l'on se comporte comme un enfant de 2 ans et que l'on soit égotiste et égoïste. Le bon ange a un sens de la justice et il nous place sur un pied d'égalité avec tous les autres. Il dit, "Aimerais-tu que quelqu'un te fasse ça ?" C'est l'origine du "fais aux autres ce que tu voudrais qu'il te fasse." Avec ces deux voix vous commencerez à avoir l'impression d'équilibrer les intérêts de votre ego et les intérêts des autres. Certains intérêts pèsent parfois plus lourd (intérêts personnels), parfois les autres pèsent plus (altruisme). C'est un effet de pendule. D'une certaine manière, l'un est l'ombre de l'autre.

Nous sommes construits psychologiquement d'opposés. Si vous écoutez tout le temps le bon ange, le mauvais ange ne va pas partir et disparaître. Il est là mais travaille de manière sournoise dans votre dos. Vos intentions égoïstes sont là mais bien cachées. Jung disait à propos de son père pasteur qu'en public il était bon mais qu'à la maison il avait un mauvais caractère. Vous pourrez plus certainement apercevoir l'ombre lorsque de bonnes personnes deviennent épuisées, stressées ou fatiguées ; elles font moins attention et une personnalité différente apparaît. Nous avons vu ça récemment chez le Pape François lorsqu'il a frappé la main d'une femme de l'audience qui avait essayé de tenir sa manche. Il était fatigué et a réagi avec de la colère et de l'agression. Il s'en est bien sûr excusé plus tard. Il est quelqu'un qui essaie d'être à la hauteur de son poste de chef de l'Eglise catholique romaine mais il est aussi humain et soumis aux actes de l'ombres.

Ce que nous avons en nous est une sorte de phénomène de Dr. Jekyl et Mr.Hyde. Mr. Hyde est un homme gentil le jour et Dr. Jekyll est son côté obscur qui fait le mal la nuit. Notre but en tant que jungiens est de travailler pour atteindre la complétude, ce qui signifie trouver un bon équilibre entre les intérêts personnels et ceux des autres. Généralement nous travaillons à équilibrer les opposés et non pas à choisir l'un ou l'autre. Il existe deux extrêmes dans ce travail. D'un côté sont les personnes dont l'égocentrisme est tellement complet qu'elles sont incapables de reconnaître l'autre. À l'autre extrême sont les personnes qui ont une conscience tellement surdéveloppée qu'elles ne peuvent pas s'empêcher de penser aux autres la plupart du temps. Nous avons donc d'un côté des personnes sans conscience que nous appelons psychopathes ou sociopathes. Elles s'en fichent de tout ce qui n'est pas elles. D'un autre côté sont des personnes qui sont tellement concentrées sur les autres qu'elles sont pratiquement incapables de poursuivre leurs propres intérêts, et c'est en soit un problème. Elles ne font pas assez attention à elles-mêmes et sont trop altruistes. Dans certains cas elles se mêlent trop et veulent aider même lorsque leur aide n'est pas voulue. Elles tendent à se négliger. Ce que ces personnes n'acceptent pas d'elles-mêmes sont leur propre égotisme et égoïsme naturel. Elles le répriment si bien que l'égotisme naturel devient l'ombre profonde. Jung disait, "Il est malsain d'être trop bon." En thérapie nous devons aider ces personnes à devenir plus sûre d'elles-mêmes et à s'affirmer.

Equilibrer la Persona et l'Ombre

Lorsque l'on s'éloigne de la partialité pour équilibrer les opposés, par exemple entre la persona et l'ombre, les deux côtés finissent par changer. La persona s'ajuste et prends certains composants de l'ombre. Disons que l'agression, par exemple, est dans l'ombre. Lorsqu'elle est intégrée, la personne devient en conséquence plus sûre d'elle, et la persona change donc en fonction. C'est un aspect important du développement psychologique. Le côté de l'ombre serait alors moins inconscient et moins enclin à être projeté sur les autres. Lorsque les opposés ne sont pas si séparés, ils deviennent complémentaires et en plus de cela, nous n'avons plus à avoir aussi honte de la partie ombre de nous-même. Nous pouvons être plus ouverts à ce propos. L'ombre est une part du tout et est reconnue comme telle.

Lorsque nous voyons des personnes qui ont vraiment fait ce travail, elles sont détendues. Elles n'essaient pas trop dur d'être de bonnes personnes. Si vous pointez du doigt certains de leurs traits qui ne seraient pas vus comme parfaits en public, elles l'acceptent gracieusement. Elles n'en sont pas fières mais elles n'essaient pas de le nier de manière défensive. Elles s'en excusent par après, comme nous avons vu le Pape François le faire.

Si vous voulez vraiment vous connaître vous-mêmes, interrogez les personnes qui vous entourent ; interrogez votre époux/se ou vos amis. Faire cela revient à demander une image de vous-même du point de vue d'une autre personne. Le problème de cette approche est que la personne à qui vous le demandez peut avoir ses propres intentions et peut essayer de vous remettre à votre place et donc exagérer les aspects de votre ombre. Néanmoins, avec le temps, si vous écoutez avec attention les gens qui vous entourent – vos collègues, vos concitoyens, vos voisins, vos amis, les membres de votre famille – vous aurez une image de vous-mêmes, un portrait qui inclura les caractéristiques de votre ombre. S'ils vous aiment, ils diront des choses comme, "J'aime beaucoup cela chez toi, mais tu quand tu fais ça, je n'aime pas du tout." Ecoutez surtout ce qui vous mets sur la défensive, ou ce que vous ne reconnaissez pas parce que cela est inconscient pour vous. C'est ainsi que vous pourrez grandir le plus.

Se connaître soi-même à travers les rêves

Une autre façon de découvrir son ombre est d'observer vos rêves. Si vous étudiez avec attention vos rêves pendant un certain temps, vous verrez certains personnages apparaître et réapparaître qui ne sont pas le "je" dans le rêve mais qui représentent l'ombre. Ils sont généralement des personnages du même sexe et genre que vous mais sont considérablement différents de telle manière qu'ils sont peu attrayants pour vous, le rêveur. Ils sont peut-être plus agressifs, plus hostiles, plus sexuels. Ils représentent des parties de votre personnalité que vous avez peine à laisser entrer dans votre autoportrait quotidien.

Si vous partez du principe que ces figures du rêve font partie de vous-mêmes et ne représentent pas quelqu'un d'autre, alors vous pouvez vous demander, "Quand est-ce que je suis comme ça ? Est-ce que je commence à comprendre cette part de moi ?" Travailler avec le rêve de cette manière peut vous aider à l'interpréter et vous donner un aperçu et une certaine compréhension de votre ombre. Je connais, par exemple, un homme qui a beaucoup rêvé de jeunes adolescents indisciplinés. Il avait été auparavant un enseignant et avait eu des difficultés avec de tels adolescents dans ses cours. Il faisait sans arrêts des rêves dans lesquels il était professeur d'une classe pleine d'adolescents complètement indisciplinés. Il est lui-même un adulte très stable et soigneux, et maintenant un homme d'âge avancé. Il n'est pas quelqu'un que l'on pourrait qualifier d'indiscipliné. Les adolescents de ses rêves sont les parties indisciplinées de lui-même, parties qu'il n'a pas réussi à faire rentrer dans sa personnalité consciente et qu'il ne connaît pas assez. Après un certain temps, durant lequel il s'est permis d'être quelque peu indiscipliné, il m'a parlé de rêves dans lesquels les élèves se comportaient bien mieux. Je pense que l'indiscipline est peut-être plus entrée dans sa personnalité consciente et que donc il a pu l'accepter et la vivre de manière consciente, Les adolescents indisciplinés changeaient dans ses rêves. Il avait besoin d'être moins discipliné et les personnages du rêve ont répondu et ont changé pour le mieux. C'est un signe d'intégration.

Laisser parler son ombre

Je me rappelle de quelqu'un avec qui j'ai travaillé en analyse il y a longtemps et qui avait découvert une méthode pour laisser son ombre parler. Cela s'appelait la méthode à deux mains. Vous écrivez quelque chose avec votre main dominante et ensuite vous laissez votre main non-dominante répondre, et cela va et vient. Il fut surpris de ce que sa main gauche essayait de lui dire. C'était une partie de lui abandonnée il y a fort longtemps dans son enfance. La main gauche avait un peu près 6 ans alors qu'il en avait 50. La main de l'enfant de 6 ans disait être très malheureuse. L'homme de 50 ans lui demanda, "Pourquoi es-tu malheureux ? Quel est le problème ?" La main gauche, l'enfant, dit : "Je veux dessiner et peindre et tu ne me laisses pas. Tu ne me donnes pas d'espace ni de temps pour faire ce que je veux." Il se rappela que, lorsqu'il avait cet âge, sa maman pensait qu'il n'avait aucun talent pour l'art et donc l'avait poussé vers des études académiques ce qui l'amena à abandonner la partie artistique de lui-même. Après cela l'homme de 50 ans sortit, acheta de la peinture et du matériel pour faire de l'art, et le petit enfant commença à peindre. Cela réduisit la tristesse du petit garçon. Son ombre s'intégra au moyen de la main droite communiquant avec la main gauche.

C'est l'une des manières de laisser ces parties indisciplinées parler et avoir une voix, pour savoir ce qu'elles veulent. Lorsque vous leur donnez un peu d'espace pour le faire, elles ne sont plus si indisciplinées et deviennent même une partie importante de votre créativité.

Lorsque l'on ne fait pas attention aux figures de l'enfant dans notre psyché, elles nous accableront. Cela est complètement inconscient jusqu'à ce que nous le comprenions. Nous ne sommes pas des mécanismes que nous pouvons remonter et laisser avancer. Au cours de nos vies, nous partons dans certaines directions. Serons-nous un athlète, ou un intellectuel, ou encore serons-nous un membre de BTS ou une star du cinéma ? La conséquence est que d'autre choses sont alors abandonnées. Il est, de fait, très bien de faire cela alors que notre ego développe ses forces et capacités. Le problème est cependant que ce que nous abandonnons ne va pas juste disparaître. Cela reste comme figé sur place, souvent pourrit, et cela devient comme ce petit enfant gaucher qui peut être malheureux, indiscipliné et perturbateur. Nous pourrions être de mauvaise humeur, être épuisé physiquement et mentalement, et toutes autres sortes de peines, être dépressif et angoissé, tout cela étant des conséquences d'un développement à sens unique. Ces choses nous montrent que quelque chose ne va pas.

Beaucoup de personnes, par exemple, vont retrouver, à un âge plus avancé, les intérêts qu'elles avaient abandonnés étant jeunes. Cela est très bien pour eux psychologiquement. Je connais un homme qui commença à jouer du violoncelle à la soixantaine et découvrit qu'il avait un don pour faire de la musique. Jouer du violoncelle n'avait pas été permis et encouragé dans son enfance. Il avait donc dû choisir un autre chemin de vie mais une fois qu'il fut de retour sur le chemin musical, il se découvrit un grand talent, et il est maintenant important pour lui de jouer du violoncelle. S'il n'avait pas fait cela, il serait certainement très malheureux dans sa vieillesse et très envieux d'autres gens. Il est, de fait, la personne la moins envieuse que je connaisse.

L'envie dans l'ombre

Nous avons tendance à envier les personnes qui font des choses que l'on veut faire, ou qui ont des choses que nous voulons mais ne nous permettons pas. Nous les envions donc mais il est fort possible que nous soyons inconscients de notre envie. Nous nous sentons simplement malheureux lorsque nous voyons ces personnes ou pensons à elle. L'envie est un signe de quelque chose que nous n'avons pas, que nous voudrions avoir mais que nous n'arrivons pas à avoir. Il pourrait arriver en effet, que vous ne soyez pas capables d'atteindre exactement ce que vous enviez – par exemple devenir un célèbre joueur de baseball ou un musicien professionnel – mais vous pourriez être capable d'atteindre un niveau satisfaisant d'implication si vous y donnez du temps et de l'énergie. L'homme dont l'enfant intérieur voulait devenir un artiste n'est pas devenu Picasso, mais il a fait assez pour satisfaire son désir.

Si vous êtes inconsciemment envieux de personnes, vous êtes probablement très critique à leur sujet parce qu'elles ont ce qu'elles ont et font ce qu'elles font. L'envie inconsciente n'est pas comme un sentiment de "Oh si seulement j'avais ça." C'est plutôt comme une haine envers celui qui a ce que vous enviez, mais une haine que nous ne pouvez pas admettre. Avec l'envie consciente nous convoitons ce que l'autre a, alors qu'avec l'envie inconsciente, il est plus probable que nous souhaitions plutôt détruire ou dénigrer ce que l'autre a. Convoiter quelque chose signifie que vous sentez que vous voulez cela, comme convoiter la femme de votre voisin : « Si seulement j'avais une aussi belle femme. » C'est l'histoire de David avec Bethsabée, il obtient ce qu'il veut mais commet un acte terrible, à savoir le meurtre du mari, pour l'obtenir. Il le paiera cher et avouera sa culpabilité pour le restant de ses jours. L'envie inconsciente cependant est l'envie de détruire la personne qui a ce que vous voulez. Par exemple, ceux qui inconsciemment envient les riches ; si vous leur demandez, "Qu'est-ce qu'il y a ? Pourquoi est-ce que tu critiques autant ces personnes ? ," ils ne diront jamais, "J'aimerais avoir ce qu'elles ont." Ils diront, " Je ne voudrais pas moi-même être riche, mais regarde ce qu'elles font avec leur argent, regardes comme elles traitent mal les gens. Elles devraient être taxées. Nous devrions confisquer leur argent. Elles devraient être punies." L'envie inconsciente est destructrice. Nous pouvons voir comment certaines personnes peuvent être assaillies par l'envie, par exemple sur Facebook et sur d'autre réseaux sociaux. Cette envie est très déterminée et elle est incroyablement destructrice.

L'émulation et le Narcissique

Si vous travaillez avec un patient qui est très narcissique ou qui est très sensible à la critique pour une quelconque raison, peut-être à cause d'anciens traumatismes, vous devez être très prudent en approchant l'ombre. Vous devez pratiquer ce que M.-L. von Franz appelait "la politique du buisson" avec l'ombre. En d'autres mots, si vous approchez l'ombre, vous devez vous comporter comme si vous étiez dans la jungle en train d'approcher une tribu étrangère. Les membres de cette tribu ne vous connaissent pas. Ils ne peuvent pas vous faire confiance. Lorsqu'ils vous voient, vous devez agiter un drapeau blanc pour qu'ils sachent que vous n'allez pas leur faire de mal. Vous devez leurs apporter des cadeaux. Vous devez leur dire à quel point ils sont incroyables. Ils baisseront ensuite leur garde pour vous laisser venir plus près.

Avec beaucoup de patients nous devons pratiquer ce que nous appelons émulation positive et empathie avant même de commencer à approcher tout ce qui touche à l'ombre. Ils soulèveront les problèmes de l'ombre indirectement et vous ne pouvez que les écouter et refléter votre soutien. Avec le temps, vous pourrez poser quelques questions. Cependant, si vous commencez à les observer d'une autre perspective que la leur, et qu'ils sont très sensibles aux critiques et narcissiquement vulnérables, vous deviendrez leur ennemi. Ils vous verront ensuite comme l'une de ces personnes qui ne les aime pas et qui veut les détruire.

La raison pour laquelle certains narcissistes ne font pas attention aux autres est qu'ils ne supportent pas du tout la critique. Ils s'enferment loin de toutes perspectives extérieures parce qu'ils ne peuvent pas supporter la moindre allusion à une autre perspective. Par conséquent, lorsque l'analyste travaille avec le matériel de l'ombre, il sera généralement très prudent et fera attention aux cas où l'ombre apparaît et parle pour elle-même, comme dans un rêve. Ecouter simplement les histoires des patients et les aider à s'entendre un peu, améliorera avec le temps leur capacité à réfléchir sur eux-mêmes. Le problème du narcissisme est qu'il n'y a pas de réflexion sur soi-même. Un narcissique ne réfléchit habituellement pas sur lui-même. Le miroir dans lequel le narcissique regarde lui montre seulement ses caractéristiques positives et idéales. Il ne montre pas la vérité. Lorsqu'il le fait, il provoque une explosion de rage narcissique, comme dans l'histoire de Blancheneige par exemple. Le narcissique regarde dans un miroir mais ne voit que la persona.

L'analyste, de son côté, voit la valeur positive de l'ombre. Si l'on peut peindre l'ombre de manière positive alors le narcissique pourra l'entendre et faire quelque chose avec elle. Par exemple, si un narcissique a une réaction très négative vis-à-vis de quelqu'un et vient vous dire que cette personne l'a insulté ou l'a blessé et qu'il a une forte réaction contre cela, vous pouvez projeter cette réaction de telle manière qu'il se sente bien vis-à-vis de celle-ci mais aussi de manière à l'aider aussi à y réfléchir. Vous pouvez dire, "Vous avez certainement pris soin de vous dans cette situation. Vous deviez vous défendre !" et cela amènera un moment de réflexion et peut-être alors le narcissique commencera à penser " Je n'avais peut-être pas besoin de réagir aussi fort."

Les personnes qui ne sont pas conscientes de leur ombre vous donne une sorte d'expérience à deux dimensions. Elles peuvent être très fascinantes et intéressantes au début, mais elles vous fatigueront rapidement parce qu'elles se répètent tout le temps et ne vont nulle part. Si des gens sont capable de voir leur pluridimensionnalité et de ne pas cacher ce que l'on appelle les aspects de l'ombre, alors ils pourront rire d'eux-mêmes. Ils auront un meilleur sens de l'humour, seront plus profonds et moins prévisibles. Vous pourrez alors avoir une conversation bien plus intéressante avec ces personnes qu'avec celles qui sont enfermées dans la persona et rejettent tout aspect de l'ombre. Elles vous mettent mal à l'aise parce que vous sentez qu'elles cachent une partie essentielle d'elles-mêmes, leur réalité émotionnelle.

L'ombre collective

L'ombre collective est la somme de beaucoup d'ombres personnelles magnétisées dans une certaine direction. Pensez à des limailles de métal : Vous pouvez mettre les limailles sur un bout de papier et ensuite déplacer un aimant sous le papier et cela fera bouger les limailles dans la même direction que l'aimant. Dans l'inconscient collectif il y a une ombre archétypale. Elle est innée et intrinsèque, l'a toujours été et le sera toujours. L'ombre archétypale collecte les ombres personnelles des membres du groupe et les bouge dans la direction de l'aimant. L'aimant est le leader du groupe, le *Führer*, comme les allemands l'appellent.

Dans les temps modernes, l'exemple classique de ce phénomène est ce qui est arrivé en Allemagne dans les années 30. En quelques années, des personnes furent attirées par un mouvement politique qui n'existait auparavant que discrètement et qui n'avait pas été énergiquement mené dans une direction particulière. L'ombre collective fut, comme on dit, constellée. Les leaders ont recueilli le ressentiment et l'envie qui étaient résidents dans la psyché nationale et, en utilisant l'antisémitisme de longue date qui était resté en Allemagne et dans la culture européenne pendant des siècles, ils ont trouvé un aimant puissant qui pouvait mouvoir les individus comme des limailles sur un bout de papier. Les leaders, en particulier Adolf Hitler, ont découvert qu'en utilisant l'antisémitisme, ils pouvaient mobiliser les émotions des gens et les diriger dans une certaine direction, bien que cela ait des conséquences catastrophiques.

Certains éléments politiques aux Etats-Unis ont fait la même chose avec le racisme. Il y a encore des tensions résiduelles de racisme qui peuvent stimuler des émotions comme la peur et la haine, émotions qui peuvent être dirigées dans certaines directions pour des gains politiques. Cela fonctionne dans le pays aujourd'hui encore, vous pouvez le voir. Le racisme inconscient, qui est une partie de l'ombre collective du pays, peut être stimulé, activé et utilisé politiquement. Les personnes qui pensent naïvement n'être pas raciste vont voter pour un raciste parce qu'elles ont inconsciemment des éléments racistes. Dans le collectif, l'activité de l'ombre devient très dynamique parce que beaucoup de gens y participent et lui donnent de l'énergie, consciemment ou inconsciemment.

Au niveau le plus profond, l'ombre est le mal. C'est la volonté de détruire. Dans la Bible, le premier incident qui résulte de l'activité de l'ombre est un meurtre, lorsque Caïn tue son frère Abel. Caïn se fâche parce que les offrandes d'Abel sont préférées par Dieu. Ses offrandes sont acceptées alors que celles de Caïn ne le sont pas. Caïn se fâche donc contre son frère. Dieu lui apparait et dit, "Caïn, tu es en colère. Fais attention. Le péché repose à l'entrée de ta tente." Il ajoute :"Le mal est sur le seuil de ta porte mais tu peux le dominer." Mais lorsque Caïn sort de sa tente, l'ombre le rattrape et Caïn prends son frère dans les champs et le tue. Ce qui repose à l'entrée de la tente est le mal archétypal. Il est au cœur de l'ombre – dans le collectif et l'individuel- et il collecte les émotions comme le ressentiment et l'envie, l'orgueil et le désir et toutes les émotions destructives qui l'entourent. Si nous tombons sous son emprise, nous devenons lui, ne serait-ce que momentanément. Nous devenons possédés, et cela peut arriver à des individus comme à des nations. Une fois que cela devient tribal, il est très dur pour l'individu de résister à ses effets intoxicants. Le mal erre dans l'inconscient collectif et nous pouvons facilement y succomber.

Nous y succombons souvent avant de nous en rendre compte. Nos émotions nous y amènent. Je parle de la manière dont les personnes sont comme des limailles qui peuvent être magnétisées, galvanisées dans une certaine direction. C'est émotionnel. C'est la psychologie des foules. L'émotion capture les gens et les amène où elle veut. Nous pouvons donc observer ces rassemblements où des personnes crient et hurlent et elles sont en grande partie inconscientes de ce à quoi elles participent. Lorsque vous prenez certains de ces individus de côté et leur demandez calmement la raison de leurs cris et ce qu'ils supportent avec tant d'enthousiasme, ils ne le savent souvent pas.

Heureusement, le bien peut aussi mobiliser d'une telle manière. Nous pouvons être possédés par des idéaux et des nobles valeurs. Nous n'avons pas que des mauvais archétypes ; nous en avons aussi des bons. Nous avons le sauveur, nous avons de douces et nobles idées. La justice en est une. Il y a des dieux et déesses de la justice, équilibrant la balance. La Justice et la compassion. Nous avons aussi des symboles de justice comme la Statue de la Liberté, qui peut nous encourager dans nos nobles pensées et motivations, et des gens pourront se sacrifier pour cela. Des personnes seront magnétisées pour faire de grands et nobles sacrifices pour le bien, de la même manière qu'inconsciemment des personnes peuvent être poussées au viol et au meurtre.

Dans la psyché individuelle, certains souvenirs et certaines expériences se rassemblent autour du noyau archétypal et forment des complexes. La même chose se passe au niveau de la psyché collective. Vous avez ces aimants au fond de l'inconscient collectif, des matériaux se rassemblent autour de ces aimants et des individus sont attirés par eux ou capturés. Ils peuvent ensuite être manipulés. La force qui attire et garde les limailles ensemble est l'émotion. Par exemple, si vous avez un fort d'un besoin de vengeance, comme les Allemands l'avaient après la première Guerre Mondiale, et que vous situez l'ennemi – dans ce cas les Juifs –, les émotions rassemblées autour de ce besoin de vengeance sont attirées dans ce vortex. Au niveau collectif les gens commencent à penser, "Nous allons éliminer ce cancer de la société." Cela semble être une bonne et noble chose à faire pour le collectif. L'émotion qui se cache derrière cela est intense, et certaines personnes pourraient se sentir profondément nobles en étant violentes et destructrices même jusqu'au sacrifice de soi. Les fanatiques religieux font la même chose. Au nom du bien, ils tombent sous l'emprise du mal qui attends à l'entrée de la tente.

Dans de tels moments nous pourrions donc nous demander : "D'où vient cette forte émotion qui est en moi ? " Et si nous pouvons faire cela, alors nous pouvons faire un choix conscient pour savoir à quel mouvement politique ou collectif donner notre énergie. Vous pouvez participer à un grand mouvement collectif mais ne pas le faire en faisant partie de la foule. Au lieu de cela, vous pouvez y participez pour des raisons dont vous êtes conscients. Quelqu'un pourrait penser, " Je vais le faire parce que j'y ai beaucoup réfléchi et je peux être d'accord avec les principes et les directions de ce mouvement." Nous espérons que les tribunaux et le système de la justice fonctionne de cette manière, d'une position qui a des principes et non d'une position politique émotionnelle.

BTS et la Célébrité

Je peux vous dire que ce qui m'a le plus impressionné sur BTS est un discours que RM (membre de BTS) a donné au Nations Unies. C'était il y a un ou deux ans. Dans son discours, il parlait de lui-même. Il disait, "En tant que groupe et en tant qu'individus nous avons atteints une grande célébrité et renommée. Mais je sais que je ne suis pas cette personne qui est une célébrité. Je viens d'un petit village, assez loin de Séoul, la capitale, et je me souviens de mes racines. Je me souviens de qui je suis. Je me souviens d'où je viens." Cela m'a rassuré de voir que le leader de ce groupe a pu maintenir un sens de soi, à l'écart de cette persona si célébrée, et

n'est pas devenu une victime des séductions de la
célébrité. Il est un danseur, chanteur, rappeur et
interprète très talentueux. J'espère que tous les
membres de ce groupe restent proche d'eux-mêmes
de la même manière. S'ils le font, cela pourra les
empêcher d'être utilisés par de puissantes forces
pour des raisons cachées, comme des raisons politiques ou financières ou encore d'autre buts moins
nobles. Leur message est un bon message, il est utile
et il est d'une importance cruciale pour les jeunes
fans qui les suivent. Si les fans comprennent vraiment le message, et ne sont pas simplement attirés
par le charme de tout cela, ils peuvent alors béné-
ficier de BTS. J'espère que BTS réussira à garder une
connaissance, une conscience, un développement et
un équilibre sains. C'est ce qu'ils mettent en avant
dans leur message de maturité psychologique et de
développement, que nous appelons individuation.

La célébrité amène un niveau de responsabilité
pour BTS qu'ils n'ont probablement jamais anticipé
lorsqu'ils ont commencé à chanter et danser en tant
que jeunes garçons. J'ai l'impression qu'au moins
certains d'entre eux sont conscients de cette responsabilité et veulent faire ce qui est bien. Ils se
montrent comme sérieux et montrent la valeur de la
recherche de la maturité psychologique à leurs fans.

BTS, bien sûr, vient de Corée du Sud, qui est
enracinée dans la culture très traditionnelle du con-
fucianisme et du bouddhisme. Cette culture a

tendance à être très conservatrice. Les membres de BTS n'ont pourtant pas l'air conservateurs, avec leurs couleurs de cheveux et les mouvements de leur corps. Je pense qu'ils essaient de sortir d'une culture traditionnelle et de montrer autre chose, quelque chose de plus international. Dans les cultures traditionnelles, les gens ont tendance à rester piégés dans de très vieilles habitudes de comportement et d'attitude et les individus ne sont pas très valorisés. Je pense que BTS aide à la modernisation de la culture coréenne, dans le sens que les individus seront plus estimés pour leurs divers dons et qualités. BTS encourage les gens à se développer plus en tant qu'individu qu'en tant que membre d'une société ou d'un collectif.

Ce qui m'a beaucoup aidé personnellement est comment la conscience de l'ombre peut nous rendre humble. Cela nous rend humain. Ceux qui m'ont aidé et m'aide sont de très chers amis, époux et collègues qui ont pu me montrer mes faiblesses et mon côté de l'ombre. Cela fait un peu partie de la nature humaine d'être un Monsieur/Madame-je-sais-tout qui pense, "Je m'y connais mieux et j'ai les réponses." Ces personnes me montrent les erreurs que je fais de manière amusante, en riant, et cela allège considérablement le poids de ces erreurs. Si cela n'est pas une accusation terrible et affreuse mais une histoire racontée avec humour, vous pouvez rire de vous-même et vous regarder de manière plus amicale que lorsque vous vous sentez trop accusés et trop coupables des actions de l'ombre.

L'Ego

Introduction à l'Ego

Par Murray Stein

Une description de la psyché peut commencer par une variété de points. Dans les sections précédentes nous avons sondé la persona (*Map of the Soul : Persona*) et l'ombre (*Map of the Soul : Shadow*), qui consistent en nos identités sociales et nos intentions cachées. Si nous pensons la psyché comme une maison, la persona est la façade avant, qui fait face à la rue et projette ce que les agents immobiliers appellent l'attrait extérieur. C'est notre présentation de soi au monde collectif qui nous entoure. L'ombre est un caractère qui vit dans le sous-sol, une partie de la personnalité qui est cachée du monde extérieur et même cachée des habitants des étages de la maison au-dessus du sol.

Cette section est à propos de l'ego (*Map of the Soul:Ego*). L'Ego est le caractère qui est appellé "Je" et occupe le rez et le premier étage de la maison. "Je" pense contrôler la maison et joue le rôle du "patron". Il est la figure centrale, le protagoniste de l'histoire et pense qu'il est de son droit de revendiquer la propriété. Tous les autres caractères qui vivent dans la maison avec l'ego sont là parce qu'ils sont, d'une manière ou d'une autre, liés à l'ego. Ils forment ce que l'on appelle le contenu de la conscience, sont visibles par tous et se comportent comme s'ils étaient sous le contrôle de l'Ego, même s'ils sont souvent moins contrôlés qu'on le pense. Ils sont les proches parents de l'ego et sont plus ou moins connus, contrairement à l'ombre qui vit dans le sous-sol. L'ego est en quelque sorte conscient de la persona mais moins conscient de l'ombre. Tous deux sont à la frontière de la conscience et l'ego ne leur porte pas beaucoup d'attention, à moins de problèmes.

Je parlerais de l'ego comme "Je" ou "cela" pour éviter d'y attribuer un genre[1]. En ce qui concerne l'ego, il n'y a essentiellement pas de différence entre les hommes et les femmes, comme nous allons le voir, et les deux genres sont égaux. Le propriétaire de la maison peut être un "il" ou "elle" et donc pour

---

[1] En anglais ego n'a pas de genre, contrairement au français où il est masculin. Les adjectifs et pronoms seront donc au masculin dans la traduction française sans pour autant prendre parti.

éviter tout parti pris d'un côté comme de l'autre, je parlerais de l'ego sans faire référence à un genre.

L'ego est aussi ce que nous appelons notre "volonté." Le carburant de la psyché est l'"énergie" (parfois appelé "libido" dans les cercles jungiens mais sans faire de référence à la sexualité), et l'ego a une certaine quantité d'énergie libre à sa disposition. Jusqu'à un certain point, l'ego peut choisir ce qu'il veut faire faire avec la maison – comme par exemple la couleur des murs, les photos à accrocher aux murs, des souvenirs de nos ancêtres et tous les autres objets qui ont été collectionnés et gardés en mémoire au fil du temps. L'ego a un certain pouvoir pour changer ces aspects-là de la maison, s'il le veut, et de prendre des décisions qui peuvent amener des changements, petits ou grands. Il peut changer ce qui l'entoure et ses relations dans une large mesure mais pas totalement. Souvent l'ego croit qu'il a plus de liberté pour prendre des décisions que ce qu'il a vraiment. C'est une illusion commune et probablement nécessaire pour la confiance en soi et l'amour propre.

L'ego a réellement certaines caractéristiques spécifiques dans l'individu, une sorte de caractère qui entoure le noyau neutre. Ce caractère est parfois décrit en termes typologiques : une tendance à l'introversion ou à l'extroversion, à la réflexion ou au sentiment, à la sensation ou à l'intuition. Le type de caractère de l'ego peut être découvert en faisant des tests comme le *Myers-Briggs Type Indicator* (MBTI) ou *Gift Compass* (GC). Tous deux sont disponibles en ligne et peuvent nous aider à observer la typologie de notre ego de manière objective.

Cependant, pour découvrir le noyau de l'ego, il est nécessaire de pratiquer une profonde intro-spection, de regarder dans le miroir, non pas la persona bien habillée mais la personne nue. Si vous vous demandez par exemple, "Qu'est-ce qui, en moi, pense cela ou ressent cela ?" et regardez avec atten-tion cette partie de vous, vous commencerez à comprendre l'ego essentiel. Il est toujours un petit centre de conscience.

L'ego a tendance à s'identifier intimement avec ce qui l'entoure et avec certaines valeurs et mots comme un nom. Voici un exercice : Essayez de séparer votre "Je" de votre prénom (Jane ou John) et de votre nom de famille (Smith ou Jones), ensuite de votre voisinage, de votre ville et de votre pays, de vos souvenirs bons comme mauvais. En enlevant ces identités, il ne vous restera que l'essence de ce que l'ego est : pure conscience de soi. C'est un point central de la conscience réfléchie. L'ego est le centre de la conscience.

Même si l'ego s'identifie à beaucoup de chose, comme le nom et prénom, la nationalité, le genre, la race, etc., il s'identifie dans une plus large mesure au corps physique. L'ego est en fait un aspect intime du corps qu'il occupe. Il est le centre de conscience du corps et rends possible à ce corps d'être conscient de lui-même, comme séparé et indépendant, et de prendre soin de lui-même. Cela rend le corps conscient de son individualité et de son unicité. L'ego est le "je" du corps et chaque corps humain en a un.

L'un de mes clients m'a récemment fait part de quelque chose qui m'a tout d'abord rendu perplexe. Elle avait, il y a peu, souffert d'une maladie bénigne et me disait : " Mon corps savait que j'étais malade avant que je le sache." Elle faisait référence à quelques symptômes physiques qu'elle n'avait pas remarqué mais qui aurait pu avertir son ego de la maladie. Elle avait aussi fait quelques rêves qui, en rétrospective, annonçait la maladie. Dans ce cas, elle utilisait le mot "je" avec deux sens : tout d'abord comme une partie du corps ("mon corps savait que j'étais malade"), comme si le "je" et le corps sont un; ensuite comme une partie séparée du corps (avant que "je" sache) comme si le "je" et le corps sont deux. Le premier sens fait référence au corps comme "je", et le second fait référence à l'ego comme "je". Les deux "je" sont différents mais sont aussi les mêmes. C'est un paradoxe de la psyché humaine. L'ego peut se séparer du corps et devenir ensuite de son propre droit une réalité virtuelle.

Nous faisons spontanément et tout le temps la distinction/confusion sans nous en rendre compte. Nous pouvons faire cela parce que l'ego est conscient de soi, c'est à dire, conscient de soi en tant qu'entité psychique distincte et séparée du corps ou de tout autre chose de l'environnement, Le philosophe René Descartes créa cette fameuse phrase alors qu'il développait sa théorie du savoir, "Je pense donc je suis." Il sépare ici son "je" du reste de son corps et du monde qui l'entoure et s'identifie à sa fonction cognitive. Le "je" peut aussi être séparé de la pensée, comme il le fait implicitement en disant, "Je pense." Qu'est-ce que le "je" qui pense ? Ce n'est pas la pensée ou la fonction de penser. Il est même séparé d'activités si intérieures comme la pensée et le sentiment.

Beaucoup de philosophies remettent en question la réalité de l'ego. L'ego existe-t-il vraiment ? Ou n'est-il rien de plus qu'un produit de la réflexion, comme une image dans un miroir. Un objet vu dans un miroir n'est pas réel, il est seulement virtuel. C'est une sorte d'illusion. Nous pouvons alors nous interroger sur le miroir. Est-il réel ? Non pas l'image dans le miroir (notre "identité") mais le miroir en lui-même ? Quelque chose en nous crée ce reflet.

En vérité, l'ego est le miroir et non pas le contenu du miroir. Le contenu du miroir est le contenu de la conscience et est séparé de l'ego de la même manière que des images dans un miroir sont séparées du miroir. Le miroir (le "je") a une réalité psychique, comme les autres aspects de la psyché tels que l'ombre, la persona et les contenus de l'inconscient personnel et collectif. Si nous prenons maintenant du recul et réfléchissons sur le miroir lui-même, nous posons une question encore plus profonde. Qu'est-ce qui est maintenant en train de réfléchir ? C'est une réflexion sur la réflexion en elle-même, un miroir regardant un autre miroir. Nous sommes dans une galerie de miroirs, et cela est toujours l'ego. C'est l'ego qui réfléchit sur lui-même jusqu'à ce qu'il soit si purifié qu'aucun contenu ne reste, juste une pure surface réfléchissante.

L'ego est le centre de peu importe quelle conscience nous avons ou sommes capables de développer. S'il y a une conscience, peu importe laquelle, il doit y avoir un ego pour l'inscrire. C'était l'argument de Jung, contrairement aux philosophies qui nient la réalité de l'ego. Tant qu'il y a de la conscience, il y a aussi ce facteur psychique appelé l'ego. Peu importe ce que sont nos expériences, même le "vide" lui-même comme en parle le bouddhisme zen, l'ego est là comme l'enregistreur de ces expériences, en tant que "je" qui est train de les vivre. D'une certaine manière, le "je" et l'expérience sont un (comme le dit la phénoménologie), et d'une certaine manière ils ne sont pas mais sont plutôt comme un miroir et les images qui y sont reflétées. Ils sont difficiles à séparer mais il y a, en vérité, deux aspects dans une expérience.

L'ego est parfois en avant et au centre, comme lorsque nous disons : "Je veux", "Je ferais", "Je peux." Il est cependant parfois à l'arrière, comme témoin de ce qui se passe. Si nous ressentons une forte émotion, nous pourrions nous identifier totalement à cette émotion, comme lorsque nous disons, "Je suis triste", ou "J'ai peur", ou nous restons éloignés de cette émotion en disant : "Je ressens de la tristesse" ou "Je suis assailli par l'anxiété." Cette phrase nous montre l'ego comme caractère central dans l'histoire : les autres phrases nous montrent l'ego comme témoin d'un évènement. Un fort ego peut faire les deux. Il peut affirmer, "Je ferais !" et passer à l'action et il peut contenir des pensées, sentiments et fantaisies sans pour autant les réaliser ou s'identifier à ceux-ci. Lorsque nous parlons d'un ego fort, nous voulons dire qu'il peut agir et qu'il peut contenir. (Au passage, l'ego qui est représenté dans l'album *Map of the Soul : 7* de BTS est un ego fort : capable de souffrir et capable d'agir.)

L'ego doit traiter à la fois avec les réalités intérieures et extérieures qui ne sont pas sous son contrôle. Lorsque nous parlons de réalités inté-rieures, nous parlons de puissantes émotions, de souvenirs positifs et négatifs (même traumatisants), des idées fascinantes et horribles, des fantaisies attirantes et grotesques, de fortes impulsions et ainsi de suite. Nous parlons parfois de "complexes", qui sont des énergies autonomes du monde intérieur et qui peuvent avoir un énorme impact sur la manière dont l'ego se comporte et ressent. Nous faisons aussi référence à des "instincts," qui sont de puissantes impulsions qui nous poussent à agir immédiatement pour satisfaire des besoins et envies urgentes. L'ego doit s'occuper de ces forces intérieures et essayer d'équilibrer leurs demandes avec les autres pressions qui viennent du monde extérieur. L'instinct pourra dire : "Mange ! Maintenant !" Mais l'ego devra peut-être dire : "Attends ! Ce n'est pas le moment de manger." L'ego réussis parfois à modérer les demandes du monde intérieur et d'autres fois il ne réussit pas et agis en conséquence. C'est le même principe pour les demandes du monde extérieur. L'ego doit y répondre et les peser contre d'autres considérations comme des valeurs, l'intégrité, l'ambition et ainsi de suite.

L'ego est responsable de notre sens de la réalité intérieure comme extérieure et, en tant que tel, il se confronte aux exigences des fantaisies et de la volonté qui viennent de l'intérieur, et aux messages sociaux et politiques de l'extérieur. Le temps est un facteur crucial dans la réalité du monde matériel qui nous entoure. L'ego doit prendre ce facteur en compte et équilibrer les demandes des désirs et de la réalité. Cela crée parfois des frustrations et conflits douloureux. L'une des caractéristiques d'un fort ego et qu'il peut supporter beaucoup de frustrations et peut maintenir la tension des opposés.

Jung prend en compte cinq instincts : la faim, le désir sexuel, l'envie d'être actif et de réfléchir, et la créativité. Les deux premiers nous sont familiers comme des forces instinctives de la nature humaine, comme faisant partie d'une existence physique et de la survie, et ils peuvent causer beaucoup de problèmes s'ils ne sont pas bien dirigés par l'ego. Le besoin d'être physiquement actif et en mouvement est en partie basé sur l'aspect physique et en partie sur l'aspect psychologique. Le besoin d'être actif est très fort et peut n'être plus sous contrôle. Il devient une addiction lorsqu'il ne peut plus être modéré par l'ego. Les muscles peuvent parfois demander en criant de l'action, et seulement un fort ego peut dire : "Il est minuit. Ce n'est pas le moment d'aller courir dans le parc." Les deux autres instincts – réflexion et créativité – ne sont généralement pas envisagés comme des instincts parce qu'ils ne sont pas directement liés à un processus physiologique, mais il est utile de les envisager de cette manière parce qu'ils peuvent aussi avoir des exigences puissantes voire irrésistibles envers l'ego. L'instinct de la réflexion peut pousser des gens à l'excès et à l'épuisement. Il est la source d'un côté d'une grande culture mais il peut aussi, d'un autre côté, devenir un tyran destructeur. Des personnes avec un fort instinct de créativité pourront témoigner que ce "daimon" peut contrôler l'ego et le mener à des extrêmes qui ne sont pas sains. L'ego peut devenir possédé par les énergies des instincts et peut donc perdre le contrôle de la maison dont il doit s'occuper.

L'ego a besoin d'être fort pour gérer les forces qui le revendiquent. Comme un muscle, il peut gagner en force en contrant ces résistances. J'ai découvert ce type de renforcement du muscle en observant un camarade d'université faire des exercices isométriques. Il était un athlète incroyablement bien bâti et avait pour habitude de se tenir dans la porte d'entrée de sa chambre et de pousser des deux côtés avec ses bras une minute à la fois. Il renforçait les muscles de ses bras en poussant aussi fort que possible des objets immuables. Pour certaines personnes, étudier un sujet comme les mathématiques est comme faires des exercices isométriques et a le même effet sur la force de leur ego : c'est une tâche totalement impossible, mais en gardant ces frustrations et en maintenant la tension, elles renforcent leur capacité à gérer des frustrations psychologiques et des conflits qui arriveront inévitablement dans leur vie. Jung a dit une fois que les problèmes vraiment importants de la vie ne peuvent pas être résolus, ils peuvent seulement être abandonnés. L'ego pourra alors non seulement survivre à ces luttes mais grandir en force. Traiter des frustrations est le chemin vers le renforcement de l'ego.

À l'extrême, nous pourrions penser à la figure de Job dans la Bible. Dieu permet à Satan de faire tout perdre à Job et de seulement lui laisser la vie. Job souffre alors le pire degré de perte – enfants, richesse, réputation – et il est livré à lui-même, sans aide de sa femme ou de ses soi-disant amis. Il a cependant le courage de tenir malgré les frustrations causées par ses amis et par les ravages de Satan, et finalement par une vision prodigieuse, il prend connaissance du Divin et réussit à survivre sa propre catastrophe. En effet, il est, à la fin, plus béni qu'il l'était au début de l'histoire.

Beaucoup de contes traditionnels et de contes de fées racontent une telle histoire. Le personnage qui peut supporter les épreuves gagne à la fin le prix. Tel est le résultat, pas spécialement pour l'intelligent mais plutôt pour le résilient. La résilience est une qualité de l'ego qui doit être très appréciée. Elle devrait être le but premier de l'éducation et du développement de l'ego. (La chanson de l'album de BTS *Map of the Soul : 7*, nommée "ON", exprime et célèbre cette vertu de manière impressionnante.)

Chapitre 11

L'Ego

Par Murray Stein

Lorsque nous pensons à l'ego, ou que nous sommes dans l'ego, il nous semble être au centre du monde. Il nous semble être la partie la plus importante de la psyché parce qu'il est la position ou la place que nous occupons. De plus nous délimitons le monde à partir de notre ego : c'est-à-dire que nous nous plaçons au centre du monde. Si donc nous devions dessiner une carte de la psyché, basée sur la position et la perception de l'ego, nous mettrions l'ego exactement au milieu, la figure la plus importante de toute la carte.

Nous savons cependant que l'ego est en fait plutôt un bouton sur le corps de la psyché. Il est bien plus petit que la psyché dans son entier. Si vous pensez à l'entièreté de l'inconscient, elle est bien plus grande que l'ego. Lorsque donc vous voulez cartographier la psyché, l'ego doit être mis en perspective. Nous pourrions comparer l'ego au soleil. Les planètes tournent autour du soleil. Le soleil est le centre de notre système solaire mais le soleil en lui-même fait partie d'une galaxie de millions d'étoiles. Si donc vous regardez le soleil en perspective de toute la galaxie, vous voyez qu'il est petit et, en effet, presque insignifiant lorsque pris comme partie d'un entier. C'est donc une manière de penser l'ego. Il est important mais se prend aussi trop au sérieux.

Ego versus Persona

La persona est le masque que l'ego porte pour s'adapter au monde. D'une certaine manière, la persona est une fonction de l'ego, et sert les intérêts de l'ego pour s'adapter à l'environnement social et culturel. L'ego et la persona sont tout de même très liés. Il est possible pour l'ego de s'identifier si profondément à la persona que l'ego ne réalise même pas qu'il y a une différence entre lui et la persona. Beaucoup de personnes ne sont pas conscientes de leur persona parce qu'elle est si collée à l'ego qu'elle est la première perception de qui l'on est. Vous vous habillez bien et prenez soin de votre apparence pour être présentable au groupe ou à la culture à laquelle vous voulez appartenir. L'ego fait partie de ce phénomène et est dans le monde. L'ego est intéressé par le monde et a besoin de s'adapter au monde. L'ego et la persona diffèrent, mais ces différences sont plus fonctionnelles que structurelles. Par exemple, supposons que vous êtes à la tête d'une clinique, ou que vous êtes un docteur ou un professeur : alors, dans ces rôles, vous porterez une certaine persona qui est adaptée à la situation. Lorsque vous arrivez à la maison et que vous êtes avec votre famille, vous ne jouez plus le même rôle mais vous n'êtes pas pour autant une personne différente. De temps en temps vous pourrez apercevoir ces différences en remarquant comment vous êtes avec vos collègues de travail et comment vous êtes à la maison. Cela vous mettra sur la piste de quelle persona vous portez dans ces situations. Chacune de ces situations sera toujours inclue par l'ego. L'ego fonctionne et utilise la persona pour s'adapter aux situations. Maintenant, à la maison, vous êtes aussi dans une certaine persona. Si vous êtes père : vous jouez ce rôle. C'est un rôle auquel vous vous êtes identifiés et que vous prenez sérieusement ; vous sentez que c'est une partie vraiment importante de votre vie. Pourtant, vous jouez bien un rôle pour l'enfant. Vous êtes une figure d'autorité. Vous avez fixé des limites. Vous devez parfois structurer le physique et l'émotionnel. Vous devez donc être responsable de cela, et lorsque vous faites cela, vous faites cela en tant que "figure du père." C'est la persona.

Regarder à l'intérieur

Lorsque l'ego connais l'inconscient, le résultat n'est pas forcément un sens agréable de bien-être mais plutôt un sens plus conscient de soi. À cause de notre appareil sensoriel, nous regardons le monde qui nous entoure la plupart du temps, et avons affaire à ce monde, nous y adaptons et y fonctionnons. Lorsque l'ego se tourne vers l'intérieur au lieu de faire face à l'extérieur et regarde l'inconscient, il tombe sur des caractéristiques de la personnalité qui peuvent être contradictoire vis-à-vis de la persona ou du sens de soi.

Dans la psychologie jungienne, nous parlons de confronter l'Ombre ou de devenir conscient de l'Ombre. Cela est généralement une réalisation ou expérience malaisante parce que l'ombre est composée de ces parties de nous que nous ne voulons pas regarder, peut-être même que nous voulons cacher pour éviter la honte ou la gêne. Lorsque vous descendez dans le sous-sol de la psyché, pour ainsi dire, dans l'inconscient, vous tomberez sur ces caractéristiques.

Freud fit son analyse de soi dans les années 1890 après la mort de son père. Il entreprit assez d'analyses de ses propres rêves et à partir de cette expérience écrivit *L'interprétation des Rêves*, qui est probablement le meilleur livre de Freud. Ce qu'il a découvert en regardant ces rêves en association libre avec ceux-ci, furent des caractéristiques de lui-même qu'il trouvait désagréables. Il reconnut qu'il était compétitif, qu'il était envieux, qu'il se sentait coupable de certains de ses méfaits dans certains cas. En d'autres mots, il était en train de devenir conscient de lui-même.

Cette conscience de ces parties de lui-même, que généralement nous cachons, réprimons ou supprimons, est l'une des premières choses que nous découvrons lorsque nous regardons dans l'incoscient. Lorsque vous allez plus profond dans l'inconscient, vous pourriez découvrir votre nature animale comme, en quelque sorte, une extension de l'Ombre. Cela fait aussi partie de votre nature physique. Nous rêvons beaucoup d'animaux, et si nous regardons ces animaux et ce qu'ils symbolisent, nous pouvons voir des traits de la personnalité qui peuvent être malaisants ou désagréables mais ils nous donnent des informations importantes sur notre nature.

Il est beaucoup mieux d'être conscient de cela que d'en être inconscient parce que, si vous en êtes conscient, vous aurez une chance de contrebalancer ses effets pour protéger les autres des effets de votre Ombre ou de vos instincts animaux.

C'est un peu comme devenir conscient du coronavirus dans votre environnement. Ce n'est pas quelque chose de plaisant mais il est mieux d'être conscient que ce virus est là que de ne pas l'être. Si vous en êtes conscient, alors vous pouvez vous en protéger et protéger les autres. Si vous découvrez que vous avez été infecté, vous portez un masque pour ne pas donner le virus aux autres.

Regarder vers le haut

Il y a toutefois d'autres parties de la psyché qui sont bien plus plaisantes à contempler, y compris des images archétypales variées, des aspects spirituels de notre soi inconscient. En complétant notre connaissance de soi comme nous l'expérimentons dans nos rêves, notre imagination et autres, nous réalisons qu'il y a un équilibre entre le positif et le négatif. Jung parle du soi comme d'une union d'opposés. Le soi est fait de caractéristiques, traits et tendances opposées qui s'équilibrent de telle manière que vous ayez, autant que possible, une image comme un mandala, un rond, une image à 360 degrés du soi. Ces traits variés s'équilibrent avec leurs opposés dans ce cercle ou mandala.

L'ego a aussi une impulsion qui l'attire vers des aspects plus nobles, inspirants ou expansifs. Nous définissons l'ego comme le centre de la conscience mais il est bien plus que ça. Il est un contenant qui a de multiples caractéristiques actives. L'une de ces caractéristiques actives est la curiosité et l'intérêt d'apprendre et d'étendre la conscience qui entoure l'ego. À moins donc que l'ego se défendent lourdement contre des sujets douloureux ou ne veuille pas regarder dans l'obscurité de l'inconscient ou explorer le monde, tant que ces défenses ne sont pas un obstacle, alors l'ego est intéressé à en savoir plus. C'est comme un instinct épistémologique. Nous voulons savoir.

C'était certainement très fort dans la composition de Jung, peut-être même son instinct le plus fort : il voulait *savoir*, comprendre. Il était très curieux vis-à-vis de lui-même et du monde qui l'entourait.

La résistance de l'Ego et les étapes de la transformation

L'ego résiste au changement et vit la transformation comme une sorte de mort. La transformation est une sorte de processus de mort et de renaissance, la disparition n'est donc pas le bon mot. C'est la peur de mourir. Un analyste, David Rosen, qui a écrit sur le suicide, l'appelait *egocide*. Nous vivons une expérience de transformation de nombreuses fois dans notre vie. Il y en a des plus grandes et des plus petites, mais l'une des grandes est le passage de l'enfance à l'âge adulte qui est appelée l'adolescence. Pendant l'adolescence, nous nous transformons d'un enfant à un adulte et il y a donc beaucoup de choses qui se passent dans notre être,

physiquement, physiologiquement et psychologiquement. Un adolescent prend une nouvelle
forme, développe un nouveau sens de l'identité et
commence à fonctionner dans le monde de manière
très différente.

Une autre période de transformation est la
quarantaine, lorsque nous passons de la première
moitié de la vie à la seconde, d'ordinaire entre la fin
de la trentaine et la fin de la quarantaine. Il y en a
ensuite une autre à la fin de la vie à un âge avancé.
C'est lorsque l'on part à la retraite ou que l'on
commence à abandonner certaines activités et que
l'on développe de nouveaux intérêts, peut-être des
intérêts ou réflexions spirituels qui ne sont pas
vraiment engagés de manière active dans le monde.

Chacune de ces transitions est cependant un
processus de transformation qui inclut une mort et
renaissance, une mort de ce qui était et une naissance
vers de nouvelles possibilités et cela comprends un
nouveau sens identitaire. Nous pourrions penser à
des métaphores comme celle de la chenille qui se
transforme en papillon. Il y une phase d'entre-deux
dans le cocon, phase pendant laquelle la chenille
meurt de ce qu'elle était, apparait sous une nouvelle
forme avec des ailes et sort de sa chrysalide en tant
que papillon. Ce processus est aussi semblable à un
serpent qui mue et qui, lorsque cette peau devient

trop vieille, mue à nouveau. Après avoir obtenu une nouvelle peau il continue à vivre.

Ces périodes de transformations comprennent typiquement l'anxiété de la mort. Les adolescents souffrent beaucoup de cette anxiété. Il en est de même vers la quarantaine. Nous vivons généralement des décès autour de nous. L'anxiété de la mort fait vraiment partie de cette crise de la quarantaine. Il en est à nouveau de même, à un âge avancé, lorsque la mort devient une réalité de plus en plus présente. La résistance au changement peut être forte, et la psyché force souvent le changement ; nous l'acceptons rarement volontairement. Nous pouvons observer cela surtout chez les personnes d'un âge avancé qui se donnent beaucoup de mal et qui dépensent beaucoup d'argent et d'énergie pour maintenir une identité qui n'est probablement plus appropriée pour eux à ce stade de leur vie. Avec chaque transformation nous devenons une nouvelle personne avec une identité nouvelle ou différente. Si nous pouvons nous détendre et l'accepter, ce changement ne sera pas forcément mauvais. Si nous pouvons prendre les choses comme elles viennent et les traverser tranquillement, nous pourrons alors vivre ces transformations simplement comme faisant partie de la vie.

Confiance de base et les premières années

Qu'est-ce qui aide à organiser et solidifier le contenant de la conscience de l'ego ? Ce qui est le plus important dans les premières années d'un enfant est un environnement fiable, physiquement, émotionnellement et interpersonnellement. Le jeune être humain est sans défense et s'appuie instinctivement sur ceux qui prennent soin de lui pour recevoir la structure, le soin, et la protection nécessaire. Si cela n'est pas reçu, cela peut mettre sérieusement en péril le développement de l'ego. L'angoisse peut hanter quelqu'un pour le restant de ces jours parce que son premier environnement n'était ni fiable ni approprié, et n'était pas adapté aux besoins qu'il avait étant enfant.

Ce qui contribue à la formation d'un ego fort sur le long terme est un environnement constant et fiable durant l'enfance. Il ne doit pas être parfait mais doit être *assez bien*, comme le disait Donald Winnicott, pour permettre à l'ego d'être confiant dès le début de la vie durant lequel on prendra soin de l'enfant. Si cette assurance de base, cette confiance de base, comme le décrivait Erik Erikson, n'est pas là, l'angoisse qui peut en ressortir aura de profonds effets.

Le manque de confiance de base peut rester dans l'ego et empêcher l'ego de développer un sens de confiance en soi et de confiance en la vie durant les dernières années.

Traumatisme précoce

Sur la structure de base des premières années, d'autres aspects de la personnalité se forment comme des accumulations. Si les premières années sont remplies de traumatismes et de négligences, ces cicatrices précoces pourront rester manifestes dans les années qui suivront. Cependant, la psyché a des ressources incroyables pour se soigner elle-même. Cela a été démontré avec la thérapie pour les enfants. Considérons par exemple le travail d'Eva Pattis Zoja avec des enfants provenant d'endroits troublés ou marqués par la guerre et qui avaient soufferts de sévères traumatismes ou qui avaient soufferts comme migrants ou encore qui avaient été abandonnés dans des orphelinats. Elle a découvert que des sessions de jeux dans le sable sur une période de 10 semaines avec un adulte observateur avaient un effet profondément reconstructif sur l'attitude d'un enfant par rapport à lui-même et par rapport aux autres, et que le comportement de l'enfant à l'école s'améliorait. Elle a mentionné les ressources immenses de guérison que la psyché a en elle si l'opportunité se présente pour elle d'émerger et de se soigner.

Tout dépend de ce qui se passe après le traumatisme. La personne est-elle dans une situation où elle peut suivre une thérapie qui l'aidera à s'examiner et à laisser la psyché utiliser ses ressources pour soigner ? Ou le traumatisme est-il si incrusté dans la psyché qu'il continue d'empêcher un développement bon et normal de l'ego ? Je ne sous-estime pas la capacité de la psyché à se soigner mais elle a besoin d'une opportunité pour faire cela, et c'est pour cette raison que nous avons des thérapeutes.

L'environnement sur lequel s'appuie l'ego pour son développement doit être approprié aux besoins de l'enfant. S'il n'est pas bien approprié ou s'il n'est pas du tout approprié, alors l'enfant pourra survivre physiquement, grandir et avoir l'air plus ou moins intact et fonctionnel, mais l'angoisse sous-jacente de sécurité et de sûreté lui fera développer des défenses extrêmement actives et puissantes contre tout possible danger auquel l'enfant aura à faire face. Un ego fort n'est pas fragile ; il peut faire face aux dangers, être malmené, souffrir des échecs et des pertes mais il s'en remettra toujours. Un ego fragile ne pourra pas supporter beaucoup avant de se briser. S'il n'y a pas un bon début avec un environnement solide, stable et fiable, alors cette fragilité se développe. Pour se protéger ces personnes construisent d'énormes défenses de telle sorte que, si elles risquent d'être blessées ou attaquées, ou si elles mettent dans des situations où il y a des chances qu'elles souffrent, elles deviennent presque comme des animaux sauvages. C'est ce que nous observons avec le trouble de la personnalité borderline : des rages et colères énormes et l'attaque des autres avant de pouvoir être soi-même attaqué. C'est une sorte de défense paranoïaque schizophrène à cause du sentiment de danger, alors ces personnes exagèrent le danger. Cette exagération est causée par des expériences antérieures.

Je pense à une personne avec qui j'ai travaillé pendant quelques années et qui avait été mis en orphelinat à sa naissance et ramenée chez elle alors qu'elle avait 6 à 9 mois. Elle ne s'est jamais vraiment attachée à ses parents après cela. L'orphelinat ne s'occupait que du strict nécessaire, il n'était pas régulé et il n'y avait pas vraiment de nourriture pour les enfants, la vie était donc une lutte. Cette femme est forte physiquement mais elle a une sensitivité à fleur de peau lorsqu'elle est insultée, attaquée ou dénigrée, si bien qu'elle vous jugera immédiatement et vous serez soit un ami soit un ennemi. Vous êtes soit de son côté soit du côté de l'ennemi. Tout cela vient de son sens précoce d'insécurité qui a été inculqué dans son système et ces défenses sont là pour la protéger. Elle est une personne charmante tant qu'elle n'est pas menacée, mais si elle l'est, elle devient très violente.

Une exposition à un traumatisme sévère et répété, et peut-être même à de la cruauté intentionnelle, peut avoir un effet durable, et cela dépends souvent de l'âge auquel a eu lieu l'abus. L'un des problèmes qui peut se développer est un énorme sens de culpabilité et une faible estime de soi parce que ces personnes se sentent responsables des choses qui leurs sont arrivées. Elles commencent à croire

qu'elles étaient de mauvaises personnes et que l'abus
de leurs parents (que cela soit physiquement,
sexuellement, verbalement ou émotionnellement)
était de leur faute. Elles assimilent ces messages "Tu
es quelqu'un de mal," "C'est ta faute," ou "Si tu dis
quoique ce soit tu seras puni," et le traumatisme
devient donc un secret et la culpabilité augmente.
Pour contrebalancer cela, elles développeront des
mécanismes de défenses qui leur disent qu'elles vont
bien. Par exemple, elles rechercheront l'encouragement d'autres personnes. C'est le problème de ceux
qui souffrent du trouble de la personnalité narcissique. Ils ne peuvent pas s'encourager eux-mêmes,
ils recherchent donc cela ailleurs. Ils n'ont pas les
ressources pour dire, "Je suis bien, je vais bien. J'ai
fait des mauvaises choses mais je peux me pardonner
et l'accepter." Au lieu de cela, ils doivent rechercher
l'approbation ailleurs et ils se comportent de sorte à
voir s'illuminer les yeux des autres et recevoir leurs
encouragements. Cela devient un miroir en eux-
mêmes. Tout le monde est alors un miroir pour eux
– m'aiment-ils, m'admirent-ils- mais au plus profond
d'eux-mêmes il y a toujours cette angoisse. Si les
encouragements des autres s'arrêtent, il y a des ris-
ques qu'ils tombent peut-être en dépression. Ils
luttent contre des questions profondes sur leur
propre valeur, s'ils sont coupables de méfaits ou s'ils
sont la cause des terribles choses qui leur sont
arrivées. Ils exagèrent leur propre responsabilité.

Les traumatismes de l'enfance chez les adultes

Même si quelqu'un a pu souffrir d'une angoisse de base profonde dans son enfance, il pourra arriver à l'âge adulte en ayant l'air très bien en surface. La seule preuve de cette souffrance sera ses défenses exagérées. Il pourra en effet être très fonctionnel, intelligent, éduqué, obtenir de bons postes. Il aura cependant généralement de la peine à maintenir des relations sur le long terme. Lorsqu'il fera face à une crise, l'autre deviendra trop vite l'ennemi et cela à un degré extrême. Il y aura une rupture de la relation car il ne pourra pas supporter d'être trop proche d'ennemis potentiels. Les relations seront alors très difficiles à maintenir sur le long terme. Une telle personne n'aura pas de succès dans un travail qui demande un bon travail d'équipe. Tant qu'elle pourra travailler par elle-même, elle le fera bien. De telles personnes seront parfois très créatives et voudront plutôt travailler seules et ne pas s'embêter avec les personnes qui les entourent.

Certains adultes sont maintenus dans un état fragile qui nécessite un encouragement perpétuel. Si le flux d'encouragement des autres personnes est interrompu, même brièvement, ces adultes peuvent devenir très dépressif. Ils chercheront des moyens de se faire sentir mieux avec de la drogue, de l'alcool ou d'autres moyens de tuer ces sentiments de faible estime de soi, de haine et d'accusation de soi. Si vous n'êtes pas soutenus par un partenaire qui vous reflète, ou par un réseau de personnes qui travaillent, alors je pense que la vulnérabilité à ce type de chute est très sévère. Ces adultes se déchaîneront alors avec férocité et avec viendra bien sûr cette rage narcissique. Si l'émulation n'est pas adéquate ou si l'émulation par une autre personne révèle un défaut ou une faute, alors les défenses passeront à l'action et apparaîtront sous la forme d'une attaque de rage conçue pour surpasser la personne (ou l'ennemi) qui révèle leur insuffisance. Le problème est que, lorsque cette personne est confrontée à ses défauts, cela confirme ce qu'elle savait déjà être des défauts. C'est comme si elle se battait contre elle-même, contre sa propre connaissance d'elle-même. C'est une lutte à l'intérieur et une lutte à l'extérieur.

Troubles liés à l'usage de substances (Addiction)

Pour quelques malheureuses personnes, l'usage de substance devient une sorte de baume pour l'âme troublée. L'ego cependant devient esclave de l'addiction. Comment comprenez-vous cette descente ? Lorsque l'usage de substance devient une addiction, un composant métaphysique rentre en jeu, comme si le corps brûlait d'envie de prendre telle ou telle substance. L'ego est plus ou moins impuissant. L'intensité de l'addiction est plus grande que la quantité d'énergie qu'a l'ego à disposition pour exercer sa volonté.

Même des personnes qui voudraient être sobre et arrêter d'user de substance ne peuvent souvent simplement pas le faire, c'est pourquoi nous avons des centres de traitements pour les aider. Se libérer d'une addiction physique jusqu'à ce que l'ego puisse prendre librement ses décisions est une lutte terrible, mais la descente vers l'addiction signifie que la substance marche, c'est-à-dire qu'elle tue la douleur, physique ou psychique.

L'addiction a un autre effet que d'aider l'ego à gérer la douleur puisqu'elle introduit une dépendance chimique. Il y aussi bien sûr des addictions psychologiques où il est plus question de l'ego, et un fort ego est capable de faire face à la partie psychologique de l'addiction. Un faible ego est en revanche profondément impuissant contre des addictions psychologiques. C'est généralement une combinaison d'addictions psychologiques et physiques qui amène à placer des personnes dans des cliniques ou des centres de traitement.

Un plus haut pouvoir et l'Archétype

La première étape du programme à 12 étapes des alcooliques anonymes, un programme que certaines personnes ont associé à une rencontre avec Jung, suppose d'admettre son impuissance. Bizarrement, l'ego qui est incapable de surmonter une addiction est libéré par l'admission de l'impuissance.

Cela est simplement la première étape de 12 et elle ne vient pas de Jung.

Il y avait un patient, Bill W., qui était venu voir Jung après être retombé dans l'alcoolisme. Jung réalisa qu'il ne pouvait pas soigner cet homme. La psychothérapie, celle qu'il avait à offrir, n'allait pas aider cet homme. Il lui dit donc, "Je ne peux pas vous aider. Vous devez chercher une meilleure aide." Cet homme finit par rencontrer une autre personne, et à deux ils développèrent les 12 étapes dont certaines étaient basées sur des principes adoptés par un groupe chrétien, l'Oxford Group. La première étape était de dire, "Je suis impuissant," et cela était un écho de ce que Jung disait : "Je suis impuissant. Je ne peux pas vous aider." Lorsque Bill W. entendit ces mots, il se tourna vers son soi intérieur en disant, "Je suis impuissant. Je ne peux pas m'aider. Je dois rechercher une plus grande force pour m'aider," et cela fut le début de son développement des 12 étapes pour trouver cette force plus grande.

Au risque d'étirer trop loin l'histoire supposée, nous pourrions nous demander si l'ego, dans ses efforts de réveil, ne pourrait pas aussi lutter aussi contre la même sorte de drame. Dans ce cas le plus haut pouvoir pourrait être semblable au soi.

Je pense que ce que Jung suggérait était qu'un autre être humain ne pouvait pas aider Bill W. Bill

W. devait trouver en lui ces ressources et il se tourna vers les traditions spirituelles qui étaient à sa disposition, des traditions bibliques. La prière en fait partie. Vous n'avez pas besoin de prier une image spécifique de dieu mais vous devez rechercher une source plus loin que l'ego lui-même. Le pouvoir de l'ego est limité. La plupart d'entre nous pensons que nous avons bien plus de pouvoir que ce que nous avons vraiment, mais il suffit que nous tombions malade, que nous devenions addicts ou que quelque chose de catastrophique nous arrive pour que nous réalisions les limites du pouvoir qu'a l'ego sur sa propre maison. Ce que nous réalisons est que les instincts sont puissants, de même que les complexes et les Archétypes. Ils sont de puissants pouvoirs qui peuvent nous surpasser, nous posséder, et nous sommes relativement impuissants sous leur emprise.

Rappelez-vous bien qu'il est parfois acceptable d'être possédé par les puissances archétypales. Cela nous donne un sens de mission. Cela nous amène où nous avons besoin d'aller, nous donne un sens de situation, peut-être, et de direction. Nous devenons plus tard conscients du pouvoir qui nous a été donné en prêt par les sources archétypales de la psyché.

L'ego lui-même est plus comme un miroir. C'est un éclair de conscience. Jung le comparait parfois à une lumière dans l'obscurité. Vous avez une lanterne, vous êtes dans une forêt. Il fait nuit et vous ne voyez pas grand-chose autour de vous. La forêt est vaste et il y a, dans la forêt, des animaux, des fantômes, des gobelins et je ne sais quoi d'autres. Vous avez votre petite lumière. C'est l'ego dans la psyché.

Jung et Freud

Freud pensait la psyché comme une structure en trois parties. L'ego, la volonté consciente, qui est similaire à celui de Jung. Le ça qui était pour Freud le domaine principal de l'inconscient instinctif. Finalement le surmoi qui est le sens intériorisé de menace du père ou des autorités qui, si nous faisons quelque chose de mal, nous punirons. Le surmoi nous garde en quelque sorte sur la bonne voie culturellement parlant. Il fait partie d'un système d'anxiété qui est construit dans la psyché pour que l'on ait peur d'être puni, soit par nous-même avec le sentiment de culpabilité ou par les autorités extérieures si nous sommes attrapés.

C'était la configuration de Freud. L'ego doit ensuite maintenir ou gérer ce conflit, entre ce que le ça veut (les désirs instinctifs) et ce que le surmoi veut (obéir aux règles, la moralité de la culture et la bon comportement).

Jung ne l'a pas configuré comme cela. Jung disait simplement que l'ego est au centre de la conscience. Il est sujet des forces psychiques et des forces extérieures, y compris les forces culturelles qui doivent être prises en compte. Y a-t-il un conflit ? Oui, mais c'est plutôt une tâche de conscience ou un aimant qui tient ensemble le contenu de la conscience.

Lorsque nous disons "Je", qu'est-ce ? Jung disait dans un de ces derniers travaux que l'ego est plus ou moins une configuration stable de plusieurs éléments archétypaux. Jung disait aussi que l'ego est le centre de la conscience et qu'il est le miroir du Soi qui est le centre de la psyché totale, et que l'ego et le Soi ont une connexion reflétante inhérente. Erich Neumann parlait de l'axe de l'ego-Soi. La connexion entre l'ego et le Soi, si elle est stable, donne un sens de sécurité intérieure, de fiabilité et de stabilité. L'ego est cependant très dépendant des autres personnes et des autres parties de la psyché qui le soutiennent, incluant le Soi et les autres énergies archétypale.

L'Ego du rêve et l'Ego réveillé

Dans la plupart des rêves le "Je", ou ce que nous appelons l'ego du rêve, est très semblable à notre sens du soi lorsque nous sommes réveillés. Lorsque nous racontons le rêve nous disons, "je" marchais sur la route et j'ai vu un lion sortir des bois et j'ai couru pour me réfugier." Le "je" dans le rêve ressemble beaucoup à la manière dont nous vivons lorsque nous sommes réveillés. L'ego du rêve et l'ego réveillé ne sont pas différents dans ce cas-là. Dans certains rêves ils peuvent être cependant très différents.

J'ai entendu les rêves de certains clients qui rêvaient qu'ils étaient des animaux. Une femme rêvait qu'elle était un lion qui marchait sur la Place St-Marc à Venise. Une autre femme, je m'en souviens, rêvait qu'elle était un papillon. Nous pouvons rêver parfois que nous sommes une autre personne ou d'un autre sexe. Ces rêves sont rares mais ils arrivent réellement.

Ce que nous disons sur le rêve est qu'il contrebalance l'état réveillé. Contrebalancer veut dire qu'il nous donne quelque chose que nous avons oublié, qui nous manque ou dont nous avons besoin dans notre conscience de l'ego pour vivre plus près de notre vrai potentiel, de notre complétude ou d'un état amélioré de conscience. Le rêve compense en équilibrant cette unicité de la conscience.

Si l'ego du rêve est très différent, nous devons étudier cette différence. Qu'est-ce que fait l'ego du rêve que l'ego réveillé ne fait pas ou ne peux pas faire ? Dans le cas du lion, l'ego du rêve donne un sentiment de royauté et de pouvoir à cette personne. Nous pouvons dire que lorsqu'elle était réveillée, cette personne ressentait un manque de ce pouvoir. C'est le pouvoir du soi ; le lion est la représentation du soi.

Dans le cas du papillon, la femme en question était trop concrète et le papillon est tout sauf concret. Il est évanescent, éphémère, il est l'âme elle-même. Elle avait besoin de plus de légèreté, d'un sens de soi qui avait plus de valeur symbolique dans sa vie. Nous avons donc regardé la différence et essayé d'interpréter la manière dont le rêve de l'ego était une compensation.

Un psychanalyste jungien allemand, Hans Dieckmann, écrivit un essai sur l'ego du rêve, essai dans lequel il affirma que l'ego du rêve est plus individué que l'ego réveillé. Cela signifie que l'ego du rêve peut faire des choses que l'ego réveillé n'a pas pu faire, ou aussi que l'ego du rêve sait des choses que l'ego réveillé ne sait pas et a encore besoin de savoir. Ce psychanalyste suggéra que l'ego du rêve était plus avancé en conscience et en capacité que l'ego réveillé. J'essaie toujours de garder cela en tête lorsque je réfléchis à cette question : L'ego du rêve est-il en avance sur l'ego réveillé ? Est-il plus développé, est-il plus individué ? Il pourrait même parfois prédire ce vers quoi l'ego réveillé penche.

Les forces puissantes et l'Ego

L'ego flotte à la dérive sur un océan d'autres forces qui le soutiennent et l'entourent. Le vent parfois souffle en sa faveur et parfois souffle contre lui. Si vous lisez des grandes épopées comme

L'Odyssée ou *L'Enéide*, vous verrez l'image de ces marins en mers, et si les dieux sont avec eux, tout va bien et ensuite un certain dieu arrive et se met en colère. Tout à coup arrivent de grandes vagues et des vents comme un ouragan, et bien sûr une personne est emportée.

C'est en fait une bonne image de l'ego. Il est au milieu de forces puissantes qu'il ne peut pas contrôler mais sa force est d'être réveillé. Un ego résilient peut survire à plein de difficultés et de catastrophes. Nous voyons cela chez les héros. Enée dans l'*Enéide* en est un, ainsi qu'Ulysse dans l'*Odyssée*. Ce sont de magnifiques histoires qui montrent comment l'ego s'en sort dans des environnements difficiles et contre les dieux et les forces qui sont avec ou contre lui. Ces belles histoires nous donnent du réconfort dans nos moments difficiles.

L'Ego collectif et BTS

Il y a un niveau collectif à partir duquel l'ego rentre en jeux. Tout groupe soudé a une sorte d'ego collectif auquel les individus participent. Cela ne veut pas dire que les individus n'ont pas leur propre ego, en particulier lorsqu'ils ne sont pas dans le groupe. Ils ont leur propre ego mais peuvent être influencés par l'inconscient du groupe et son orientation.

Nous avons par exemple la psychologie des foules dans laquelle une part des individus est dans un état émotionnel où leurs egos individuels se fondent ensemble pour former une foule. Les membres de la foule participent à des choses extrêmes qu'ils ne feraient jamais s'ils étaient livrés à eux-mêmes. Il en est de même pour la guerre. L'armée essaie d'inculquer l'intention collective de son ego, menée par le général pour dire aux troupes ce qu'il faut faire et comment se comporter. Les troupes suivront cela, exécuteront les ordres et feront des choses que dans des circonstances normales elles ne feraient jamais, comme tuer des innocents ou même tuer des ennemis.

BTS, par exemple, ce groupe incroyablement populaire de sept chanteurs, est devenu une sorte d'ego collectif. Bien sûr, BTS n'est pas un groupe qui fait d'horribles choses mais le groupe est très soudé. Ils répètent ensemble, ils vivent ensemble, ils performent ensemble, ils voyagent ensemble. Je pense donc qu'un sens de cette identité de groupe s'est développé minutieusement et étroitement, et tous les membres y participent. Lorsque l'un d'entre eux pense, c'est comme s'ils pensaient tous. Les chansons sont chantées par l'un ou l'autre mais elles représentent tout le groupe.

Cette identité de groupe les influence dans leurs identités individuelles de telle sorte que lorsqu'ils sont séparés, ils sentent qu'ils font toujours partie de ce groupe. "Je suis un membre de BTS," et cela ne les quittera probablement jamais parce que c'est une expérience intense qui se passe sur une période de 10 ans. Ils forment, pendant ces années formatrices que sont l'adolescence et le début de l'âge adulte, ces liens intenses et un but commun qui resteront avec eux pour le restant de leurs jours, même s'ils se séparent. Je suis sûr qu'à un moment donné ils le feront. Le groupe se séparera et les membres auront chacun leur propre vie de manière plus complète que ce qu'ils ont eu jusqu'à maintenant.

Unus Mundus

L'ego qui est capable de devenir absorbé pendant la guerre ou dans une foule est aussi capable d'être emporté dans des mystères tels que ceux qui étaient pratiqués dans l'antiquité. Les gens recherchent cette expérience de fusion et d'ectasie. Le désir de fusionner avec quelque chose de plus grand est fondamental. Lorsque nous sommes vraiment seul, cela peut certainement être une expérience agréable. Certaines personnes adorent être seules, mais dans ces moments, nous réalisons comme nous sommes petits par rapport au plus grand ordre des choses. Lorsque nous fusionnons avec quelqu'un d'autre nous perdons ce sens de distinction. Nous entrons dans une expérience d'unicité avec tout ce qui est.

Freud écrivait à ce propos. Il disait que lorsque les gens tombent amoureux, l'ego perds ses frontières et ils deviennent un. C'est une expérience d'unicité et d'unité qui est merveilleuse. La plupart des gens, lorsqu'ils sont amoureux, se sentent un avec le monde et avec tout ce qui est. C'est comme cette expérience d'union.

Nous parlons d'*unus mundus* et d'*anima mundi*. L'expérience d'union avec un autre individu ou un groupe nous donne cette expérience d'unité avec le monde. Certains pourraient penser que c'est une répétition d'une expérience de la réalité que nous avions dans le ventre de notre mère. Dans ce ventre, il n'y avait ni séparation ni division. Tout était un. D'autre pourraient le voir comme une étape très avancée de savoir qu'à un certain niveau, tout est un. Tout est énergie et nous sommes tous unis, nous faisons tous partie de tous ; c'est une sorte d'état mystique avancé.

En définitive, nous désirons tous cela et le recherchons. Nous le trouvons et l'expérimentons avec l'amour ou dans des expériences religieuses ou parfois dans un rêve qui est comme une vision d'unité de tout ce qui est. L'amour est la colle qui tient tout ensemble. La haine est la force qui sépare. L'amour et la haine sont donc en guerre. Ils sont tous deux nécessaires mais cette expérience d'unité est quelque chose que tout le monde désire.

Chapitre 12

La musique :
le langage universel

Par Leonard Cruz

"La musique est le langage universel de
l'humanité."
Henry Wadsworth Longfellow

Le niveau artistique du dernier album de BTS
parle pour lui-même précisément parce que
Longfellow avait raison de dire que la musique est le
langage universel. L'attrait énorme et mondial que
BTS a dans tellement de cultures et de langues en
est la preuve. Leur dernier album résonne avec un
effort psychologique profond. C'est un phénomène

inhabituel que les écrits du Dr. Murray Stein aient été une source d'inspiration pour BTS et qu'à leur tour leurs albums aient inspiré au Dr. Stein de réfléchir si profondément sur le sens de leurs paroles et de leur travail artistique. Nous attendons de voir si l'album *Map of the Soul : 7* s'avèrera être la culmination de cette série de dialogues et de remarques circulaires causales entre un auteur et analyste dans la phase aguerrie de sa vie et un groupe de sept jeunes hommes dont la vision et la connaissance de soi est déjà, contre toute attente, aguerrie.

Il serait peut-être plus juste de dire que la musique qui parle de thèmes universels est le langage universel de l'humanité. Alors que BTS est conçu dans la tradition de la pop coréenne, cela ne prend pas en compte que même dans un genre particulier, il existe des artistes dont la portée est large, profonde et nous parle à tous. BTS s'est avéré être un groupe de tels artistes. Que les fans de BTS, l'ARMY, étudient le sens riche et nuancé de chaque chanson que le Dr. Stein a expliquées ou non, ces fans seront profondément touchés par les thèmes de ces chansons. En cela repose un autre mystère de comment la musique nous parle. Nous ne reconnaissons pas certains thèmes que nous rencontrons dans des chansons comme universels jusqu'à ce que l'expérience de la vie nous aguerrisse et nous révèle ce que nous avions peut-être déjà rencontré dans une chanson. Beaucoup d'entre nous peuvent marquer les phases de notre vie avec la musique que nous écoutions à certains moments de notre vie.

Je suis un fan de musique Reggae. Mais lorsque j'entends Bob Marley chanter "Redemption Song", quelque chose en moi est réveillé ; c'est l'élément indomptable de l'esprit humain qui se libère de l'oppression. Ces paroles avec sa voix si expressive communiquent avec mon âme de la manière la plus profonde.

> *Vieux pirates, oui, ils m'ont volé et vendu aux bateaux d'esclaves, quelques minutes après qu'ils m'aient attrapé de la plus profonde fosse. Mais ma main a été rendue forte par la main du Tout-Puissant. Nous avançons dans cette génération de manière triomphante.*

Mon patrimoine ne comprend pas d'ancêtres amenés aux Amériques dans des bateaux d'esclaves mais j'ai connu ma propre sorte d'oppression de laquelle seule la main du Tout-puissant m'a délivré.

Ce qui est le plus intriguant dans ce va-et-vient entre BTS et le Dr.Stein est la possibilité qu'une plus jeune génération ait été invitée à rencontrer Carl Jung et peut-être à explorer sa vie intérieure plus tôt que d'habitude. Un observateur attentionné reconnaîtra qu'un manque de curiosité psychologique est une condition qui touche beaucoup de personnes en position de pouvoir. Les leaders du monde, les célébrités, les leaders religieux et spirituels font preuve parfois d'un étonnant déficit de connaissance de soi. Ils sont souvent très intéressés par eux-mêmes mais ce n'est pas la même chose que d'être intéressé dans le soi (ou SOI).

Malheureusement lorsque des politiciens, célébrités et leaders spirituels n'ont pas fait ce travail d'individuation, ils ont plus de chance de traverser leurs luttes psychologiques au détriment des autres. Cela est vrai pour chacun d'entre nous, la seule différence est que les politiciens, célébrités et leaders spirituels ont une plus grande marge d'influence avec laquelle ils peuvent faire du mal ou du bien. Lorsqu'un groupe, dont la popularité excède probablement celles des Beatles, mets en lumière le travail d'individuation, nous en profitons tous. Si ne serait-ce qu'un de leurs fans entame un sérieux examen des thèmes de leurs chansons, alors BTS aura probablement fait du monde un meilleur endroit. L'impact des milliers de fans de BTS, qui font un bilan sur eux-mêmes et plongent dans les profondeurs de leur vie intérieure, n'est pas du tout négligeable.

L'espoir de ce livre est que le mariage de l'album de BTS et du livre du Dr. Murray Stein puisse approfondir l'expérience de celui qui écoute et de celui qui lit. Je conclurais par une strophe et une partie du refrain de la "Redemption Song".

Emancipez-vous de l'esclavage mental,
Personne d'autres que vous peut libérer
votre esprit.
(…)
N'allez-vous pas m'aider à chanter ces
chansons de liberté ? Parce que tout ce que
j'ai sont des chansons de rédemption.